AF201817

77 WEIHNACHTSFENSTER

Willi Hoffsümmer (Hg.)

77 *Weihnachtsfenster*

Geschichten, die das Herz berühren

Patmos Verlag

VERLAGSGRUPPE PATMOS

PATMOS
ESCHBACH
GRÜNEWALD
THORBECKE
SCHWABEN
VER SACRUM

Die Verlagsgruppe
mit Sinn für das Leben

Für die Verlagsgruppe Patmos ist Nachhaltigkeit ein wichtiger
Maßstab ihres Handelns. Wir achten daher auf den Einsatz umwelt-
schonender Ressourcen und Materialien.

2. Auflage 2022
Alle Rechte vorbehalten
© 2020 Patmos Verlag
Verlagsgruppe Patmos in der Schwabenverlag AG, Ostfildern
www.verlagsgruppe-patmos.de

Umschlaggestaltung: Finken & Bumiller, Stuttgart
Gestaltung: Schwabenverlag AG, Ostfildern
Druck: GGP Media GmbH, Pößneck
Hergestellt in Deutschland
ISBN 978-3-8436-1259-3

Inhalt

Ein Ankerplatz für die Seele
Von der Kraft der Stille und von Träumen,
die die Welt verwandeln

Mit den Augen des Herzens sehen
Von der verwandelnden Kraft der Liebe

Was das Herz wärmt
*Vom Schenken und Beschenkt-Werden und
von der wahren Weihnachtsfreude*

Wo Engelsflügel die Seele berühren
*Von kleinen und großen Engeln –
mit und ohne Flügel*

»Und ihr werdet ein Kind finden ...«
Von Maria, Josef, den Hirten und allen,
die den Weg zur Krippe fanden

Der Sternenspur folgen
Von Sternen, Königen und weisen
Sterndeutern aus dem Morgenland

Vorwort

In der Weihnachtszeit scheinen die Lichter der Kerzen wärmer zu brennen und die Sterne heller zu leuchten. Es ist eine Zeit der Wunder – und der Geschichten. Denn die Geschichten erzählen von Sehnsüchten und Träumen, vom Schenken und Beschenkt-Werden und von dem Kind in der Krippe, das die Menschen verwandeln kann. Die 77 Geschichten dieses Buches sind wie Fenster, die den Blick weiten und unser Herz öffnen für die Weihnachtswunder damals und heute.

Dass Ihnen immer wieder solche kleinen Weihnachtswunder begegnen,
wünscht

Ihr
Willi Hoffsümmer

Helles Licht in dunkler Nacht

Von Dunkelheit und Licht, Vorfreude und
Erwartung, Hoffnung und Sehnsucht

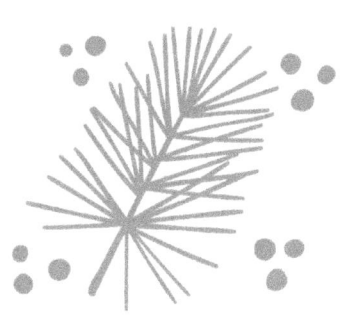

DIE KERZE, DIE NICHT BRENNEN WOLLTE

Nein, das hatte es noch nie gegeben. Eine Kerze, die nicht brennen wollte, war absolut einmalig. Es herrschte große Aufregung unter den Kerzen im Wohnzimmer. Zumal bald Advent war und gerade diese Kerze mit ihrem festlichen Glanz als nächste brennen sollte. Eine alte, abgebrannte, erfahrene Kerze bot sich an, mit der kleinen zu reden.

»Nein, ich möchte nicht brennen!«, antwortete die Kleine störrisch, »wer brennt, verbrennt recht bald, und dann ist es um ihn geschehen. Ich möchte bleiben, wie ich bin, so schlank und so golden und so elegant.«

»Wenn du nicht brennst, bist du tot, noch bevor du gelebt hast«, antwortete die Alte gelassen. »Dann bleibst du auf ewig Wachs und Docht, und Wachs und Docht sind nichts. Nur wenn du dich entzünden lässt, wirst du, was du wirklich bist!«

»Na, da danke ich schön!«, entgegnete die Kleine ängstlich. »Ich möchte mich nicht verlieren, ich möchte lieber bleiben, was ich jetzt bin. Gut, es ist etwas langweilig und manchmal etwas dunkel und kalt, aber ich brauche nichts von mir zu geben und es tut lange nicht so weh wie die verzehrende flackernde Flamme.«

»Man kann es eigentlich nicht mit Worten erklären, man muss es erfahren«, antwortete die Alte rätselhaft. »Nur wer sich hergibt, verwandelt die Welt, Aber es braucht den Mut, etwas zu wagen, die Bequemlichkeit aufzugeben und das Risiko einzugehen, sich selbst zu verlieren.«

Da ging der kleinen Kerze plötzlich ein Licht auf: »Du meinst, man ist das, was man von sich herschenkt?«

»Ja«, antwortet die Alte. »Man bleibt dabei nicht so schlank, so schön und so elegant. Man wird gebraucht und gerät auch etwas aus der Form. Aber man ist mächtiger als jeder Nacht und alle Finsternis der Welt.«

So geschah es, dass die kleine Kerze ihren Widerstand aufgab und sich entzünden ließ. Je mehr sie flackerte, umso mehr verwandelte sie sich in reines Licht und leuchtete und strahlte, als gelte es die ganze Welt zu wärmen und alle Nächte hell zu machen. Wachs und Docht verzehrten sich, aber ihr Licht leuchtete in den Augen und Herzen all der Menschen weiter, für die sie brannte.

2

DIE HEILIGE FLAMME

Ein Mann hatte davon gehört, dass an einem fernen Ort eine heilige Flamme brennt. Er macht sich auf, um dieses Licht zu sich nach Hause zu tragen. Er hat die Vision: Wenn du dieses Licht hast, dann hast du das Leben, das Glück. Nun ist er auf dem Heimweg. Seine Sorge ist, dass die Flamme erlischt.

Unterwegs trifft er einen anderen, der kein Feuer hat, der friert. Der bittet ihn, ihm von seinem Feuer zu geben.

Zuerst will er nicht, er denkt, dieses heilige Feuer für eine so weltliche Sache, das geht nicht. Dann aber gibt er doch.

Auf seinem weiteren Weg gerät er in einen schlimmen Sturm. So sehr er auch sein Licht schützt, seine Flamme erlischt.

Nun erinnert er sich des anderen, dem er von seinem Licht abgegeben hat. Den weiten Weg zurück zum heiligen Ort über Meere und Ströme hätte er nicht mehr geschafft. Aber zu dem anderen, dem er geholfen hat, kann er zurück.

DAS LICHT IN DIR

In einem fernen Land lebte ein weiser Mann, zu dem viele Menschen kamen und seinen Rat suchten. In seiner einsamen Hütte auf dem Berg stand immer eine brennende Kerze im Fenster, und es ging das Gerücht, dass diese Kerze niemals verlöschen könnte. So machten sich viele Menschen auf, um sich Licht vom Weisen zu holen. Eines Tages kam ein alter Mann, dessen Frau gestorben war. Müde und einsam stieg er den Weg zur Hütte empor, seinen Blick stets auf das Licht im Fenster des Weisen gerichtet. »Ich komme zu dir, um deine Hilfe zu erbitten«, sprach der Alte, nachdem er die Hütte betreten hatte. »Mein Herz ist voller Traurigkeit. Ich habe die Freude verloren und in mir ist es finster. Gib mir von deinem Licht, vielleicht kann es mein Leben wieder heller machen.«
»Ich kann dir von meinem Licht geben«, sprach der Weise, »aber höre: Dieses Licht ist nur Abglanz des Lichtes, das *in dir* brennt. Du musst lernen, dieses innere Licht *in dir* wieder zu entdecken. Geh nach Hause und betrachte das Licht, sooft du kannst!« So tat der alte Mann und immer, wenn er vor seiner Kerze saß, dann kamen ihm viele Gedanken. Manchmal, da wurde seine Traurigkeit nur noch größer. Manchmal aber war er wirklich getröstet und froh. Eines Tages, als er wieder vor seiner Kerze saß und seinen Gedanken nachhing, war es ihm, als höre er die

Worte: »Fürchte dich nicht. Hab Mut. Ich bin bei dir. Auch für dich wird alles gut!« Hatte jemand die Worte gesprochen oder hatte er sie sich nur eingebildet? Ganz gleich, wie es war, sie veränderten plötzlich sein Leben. Sie klangen in seinem Herzen und er begann, das Leben wieder neu zu sehen.

Und als eines Tages die Kerze auf seinem Tisch heruntergebrannt war, da wusste er, dass er sie gar nicht mehr brauchte, weil das Licht nun in seinem Herzen brannte.

So wie dem alten Mann ging es vielen anderen Menschen, die den Weisen besuchten und sein Licht mitgenommen hatten. Eine Frau, die an einer schweren Krankheit litt, fasste wieder Mut und bekam die Kraft, ihr Leiden anzunehmen und nicht zu verzweifeln. Für ein Kind, dessen Eltern geschieden wurden, wurde die Kerze zum wichtigsten Freund, dem es allen Kummer erzählte und der ihm letztendlich half, die Traurigkeit und Einsamkeit zu überwinden. Ein Jugendlicher, der verzweifelt war, fand wieder neuen Sinn und Lebensmut. Warum und wie das wirklich geschah, das wusste keiner so genau. Aber vielleicht hatten auch sie die Worte vernommen: »Fürchte dich nicht. Hab Mut. Ich bin bei dir. Auch für dich wird alles gut!«

4
NUR EINE KERZE

Wir fuhren nach Hannover zum Weihnachtsmarkt. Meine Mutter kam aus Dedensen. Ich aus Gehrden. Mein Neffe hatte hier einen Stand, den wollte Mutter sehen. Kaum stieg sie aus dem Bus, fing es an zu regnen. Kälte kroch unter die Jacke. Mit den Worten »Ich bin doch keine alte Frau«, stülpte sich Mutter noch eine Plastikhaube über die Mütze.

Bald erreichten wir Markt und Stände. Mein Neffe bot Mutter Glühwein an, doch sie dankte höflich, aber bestimmt mit den Worten: »Ich muss erst mal sehen, was es hier sonst noch gibt.«

Wir zockelten so dahin. Wasser tropfte vom Schirm; es war ungemütlich. Nach einer Weile sagte Mutter: »Ich habe Hunger.« Vorbei an Kartoffelpuffern mit Apfelmus, Würstchen mit Sauerkraut und chinesischen Frühlingsrollen blieben wir an einem Pizzastand stehen. »Ja, eine Pizza wäre jetzt das Richtige.« Wir gingen in das Lokal gleich hinterm Markt. Da saßen wir gut und warm: Die Jacken trockneten und Pizza gab es auch. Und Oregano extra.

Als Mutter zahlen wollte – das ließ sie sich nicht nehmen –, schlug ich vor, dem Ober eine kleine Honigkerze zu schenken, die ich in größerer Menge in der Tasche hatte.

»Kann man das machen? Was denkt er dann über mich? Ich könnte mich doch blamieren.« Zweifelnd willigte Mutter schließlich ein. »Soll ich ihm dann auch Trinkgeld geben?«

»Ich denke schon«, sagte ich.

Der Ober kam; Mutter rundete den Betrag auf und meinte: »Ich wohne außerhalb und werde wohl nicht wieder in Ihr Lokal kommen. Aber es hat mir so gut gefallen, dass ich Ihnen diese Kerze schenken möchte.«

Der Ober stutzte, drehte sich um, holte einen riesigen italienischen Kuchen aus dem Regal und stellte ihn mit den Worten »Frohe Weihnachten wünsche ich Ihnen auch«

vor Mutter hin. Die nahm das Gebäck sprachlos in den Arm.

Der Ober ging, roch wieder und wieder den Honigduft und freute sich. Als wir draußen waren, sagte Mutter, noch immer bewegt: »Ich habe ihm doch nur eine Kerze geschenkt – was daraus werden kann.«

5

LICHT IST STÄRKER ALS ALLE FINSTERNIS

Ich war eingeschlafen und träumte von einem kleinen Licht, das jemand hingestellt hatte. Einer, der vorüberging, meinte zu der winzigen Flamme: »Hast du keine Angst? Siehst du nicht, was dich bedroht?«

Dann sah ich sie, die schauerliche Finsternis. Überall in der Welt kauerte sie verbissen, trotzig und freudlos. Sie ging zähneknirschend und wütend gegen das kleine Licht an.

Das aber lachte und sagte: »Warum soll ich Angst haben? Ich leuchte nicht, um gesehen zu werden; nein, es macht mir Freude, Licht zu verbreiten. Und ich weiß: Die ganze Finsternis der Welt kann mich nicht löschen!«

6

GEDULDIG WARTEN

In der Zeichenstunde malen die Kinder Einladungskarten für das Adventsspiel in der Schule. Xaverl malt den Verkündigungsengel, wie er gerade bei Maria ankommt: Mit seinen starken Flügeln hat er den Vorhang des

Fensters zur Seite wehen lassen; in der Hand hält er einen Blumenstrauß.

»Schön, nicht?«, sagt Xaverl zum lieben Gott. Er sagt es nicht laut. Er sagt es in seinem Inneren. Kein Kind in der Klasse merkt, dass Xaverl sich eben mit Gott unterhält.

»Jetzt weiß die Maria, dass das Jesuskind kommen wird. Jetzt kann sie auf seine Ankunft warten, Windeln nähen und sich freuen. – Und dann male ich noch die Hirten, wie sie bei der Krippe ankommen. Und den Stern, wie er über dem Dach ankommt, und die Heiligen Drei Könige keuchen hinter ihm her.

Lauter Ankunftsbilder. Advent heißt ankommen, das haben wir gelernt. Gefällt dir das Bild, wie der Engel bei Maria ankommt?«

Und dann wird Xaverl still, ganz still, damit er hören kann, was Gott ihm antwortet.

»Ja«, sagt Gott. »Besonders der Blumenstrauß.«

»Kommst du eigentlich bei allen Menschen an?«, fragt Xaverl.

»Ja«, sagt Gott. »In jedem Augenblick komme ich an. – Nur werden es manche nicht gleich erkennen.«

»Was machst du dann?«, fragt Xaverl.

»Ich warte«, sagt Gott.

»Advent ist auch die Zeit des Wartens, haben wir gelernt«, sagt Xaverl. »Nur hätte ich nie gedacht, dass du es bist, der wartet.«

Er denkt nach.

»Allein warten ist nicht schön. Ich könnte dir beim Warten helfen, wenn es dir recht ist.«

»Da wirst du aber viel Geduld haben müssen«, sagt Gott.

»Wenigstens probieren will ich's«, sagt Xaverl.

»Und wenn dann einer zu dir sagt: Oh, da bist du ja!, freuen wir zwei uns gemeinsam. Einverstanden?«

»Einverstanden«, sagt Gott.

7

DIE TÜR DER HOFFNUNG

Einer, der sich in den Bergen auskannte und oft die höchsten Almen hinter sich gelassen hatte, erzählte am Kamin, dass in einem der Berge ganz oben eine Tür sei. Nur wenigen gelänge es, sie zu bewegen. Wer sie aber auch nur einen Spaltbreit öffnen könne, bekäme ein Stückchen des himmlischen Paradieses zu sehen.

Nach einem Augenblick schweigenden Staunens brach ein Teil der Leute, die zugehört hatten, in schallendes Gelächter aus. »Erzähl uns keine Märchen!«, rief einer. »Weißt du nichts Vernünftigeres zu berichten?«, fragte ein anderer.

Einige aber waren still geworden und schauten ins Feuer. Von denen trafen sich welche am anderen Tag, um den Aufstieg in die Berge zu wagen. Der Weg strengte an. Der Anstieg kostete Mühe. »Vielleicht ist es doch nicht wahr. Wie kann in einem Berg eine Tür sein?«, sagte ein Junger und kehrte um. »Vielleicht lohnt der Versuch«, meinte ein anderer und schätzte die gewonnene Höhe ab.

Weiter oben kamen sie an eine Quelle, deren Wasser sie erfrischte und belebte. Eine Familie war mit ihrem fröhlich springenden Kind aufgebrochen. Obgleich die Eltern sein geringes Gepäck trugen, wurden seine Schritte langsamer und sein Gesicht ernster. Doch weil die Eltern nicht aufgaben, hielt auch das Kind durch.

Irgendwann standen sie wirklich staunend vor der Tür, die ihre Hoffnung gewesen war. Aber sie ließ sich nicht öffnen.

»Nach diesem Aufstieg steht es mir zu, dahinter zu schauen!«, schrie einer und trat mit aller Wucht gegen die Klinke. Doch die Tür rührte sich nicht. »Vielleicht ist gar nichts dahinter, und es lohnt nicht, sie zu öffnen«, sagte eine Frau. »Warum sind wir dann aufgestiegen?«, fragte ein Jugendlicher und hämmerte gegen das Schloss.

Während die jungen Eltern überlegten, was zu tun wäre, trat das Kind an die Tür und legte seine kleinen Hände auf die Fläche. Da gab die Tür nach, und die Menschen wurden umflutet von gleißendem Licht und wohltuender Wärme. Im Widerschein erkannten sie Bäume, die Blüten und Früchte gleichzeitig trugen. Eine Fülle von Musik schwang ihnen entgegen, und ein Spiel von Farben im Licht blendete sie.

Ganz langsam schloss sich die Tür wieder vor ihren Augen. Die Menschen standen noch lange da und schauten auf das, was sich ihnen wieder entzogen hatte. Schweigend machten sie sich auf den Heimweg.

Wer würde ihnen glauben, was sie erlebt hatten?

8
DIE TÜR NACH INNEN ÖFFNEN

Zum Meister kam ein Mann, der trotz seiner beruflichen Karriere, seines Reichtums und gesellschaftlichen Erfolges nicht glücklich war.

»Ich habe alles, was ich mir wünschen kann«, sagte der Mann. »Haus, Auto, genug Geld auf dem Konto, Frau und

Kinder sind gesund, und doch fühle ich mich nicht wohl. Der Wohlstand ist einerseits natürlich beruhigend, aber andererseits fühle ich mich hilflos, weil ich weiß, dass nicht immer alles so bleiben muss.«

»Du erinnerst mich an den Mann, von dem ich einmal hörte«, antwortete der Meister: »Dieser Mann versuchte eines Abends, ein Tor nach außen hin aufzustoßen. Doch sosehr er sich auch bemühte, das Tor öffnete sich ihm nicht. Verzweifelt fühlte er sich eingesperrt und vermeinte, da draußen sei seine Freiheit. Schließlich war es Nacht geworden, und erschöpft sank er nieder und schlief ein.

Als er am Morgen erwachte, stellte er fest, dass sich das Tor *nach innen* öffnen ließ.«

9

DIE WEIHNACHTSGLOCKE

Einmal pflügte ein Bauer in Russland den Boden, als er auf einen eisernen Ring stieß. Er holte ein Seil, spannte einen Ochsen davor und wunderte sich, wie der eine riesengroße Glocke aus dem Boden zog. Niemand wusste, wie sie in den Acker gekommen war.

Da bauten sie für die große Glocke bis Heiligabend einen großen Turm. Denn an Weihnachten sollte sie zum ersten Mal geläutet werden. Alle, die sie am Festtag hörten, spürten, was sich in ihnen veränderte: Wer traurig war, bekam Mut; wer Kummer hatte, kam wieder auf hoffnungsvolle Gedanken; wer einen krank wusste, nahm sich vor, ihn zu besuchen, und mit den Armen wurde geteilt.

Übers Jahr hörte der Zar in Moskau von der wunderbaren Glocke und wollte sie in seinem Schloss aufhängen. Aber so viele Ochsen und Rösser und Kompanien er auch einsetzte, sie rührte sich nicht vom Fleck. Da bekam der Zar Wut und ließ sie mit großen Hämmern in tausend Stücke zerschlagen. Traurig blieben die Dorfbewohner zurück. Aber als sie am nächsten Weihnachtsfest zum Acker kamen, lagen da tausende kleine, glänzende Glöckchen. Da hängten sie sie in das Geschirr der Pferde. Und wer ihren Klang hörte, fühlte sich erleichtert und froh.

10
SCHUSTER KONRAD

An diesem Morgen war Konrad, der Schuster, schon sehr früh aufgestanden, hatte seine Werkstatt aufgeräumt, den Ofen angezündet und den Tisch gedeckt. Heute wollte er nicht arbeiten. Heute erwartete er einen Gast. Den höchsten Gast, den ihr euch nur denken könnt. Er erwartete Gott selber. Denn in der vorigen Nacht hatte Gott ihn im Traum wissen lassen: Morgen werde ich zu dir zu Gast kommen. Nun saß Konrad also in der warmen Stube am Tisch und wartete, und sein Herz war voller Freude. Da hörte er draußen Schritte, und schon klopfte es an der Tür.

»Da ist er«, dachte Konrad, sprang auf und riss die Tür auf. Aber es war nur der Briefträger, der von der Kälte ganz rot und blau gefrorene Finger hatte und sehnsüchtig nach dem heißen Tee auf dem Ofen schielte. Konrad ließ ihn herein, bewirtete ihn mit einer Tasse Tee und ließ ihn sich aufwärmen.

»Danke«, sagte der Briefträger, »das hat gut getan.« Und er stapfte wieder in die Kälte hinaus.

Sobald er das Haus verlassen hatte, räumte Konrad schnell die Tassen ab und stellte saubere auf den Tisch. Dann setzte er sich ans Fenster, um seinem Gast entgegenzusehen. Er würde sicher bald kommen.

Es wurde Mittag, aber von Gott war nichts zu sehen.

Plötzlich erblickte er einen kleinen Jungen, und als er genauer hinsah, bemerkte er, dass dem Kleinen die Tränen über die Wangen liefen. Konrad rief ihn zu sich und erfuhr, dass er seine Mutter im Gedränge der Stadt verloren hatte und nun nicht mehr nach Hause finden konnte. Konrad legte einen Zettel auf den Tisch, auf den er schrieb: Bitte, warte auf mich. Ich bin gleich zurück! Er ließ seine Tür unverschlossen, nahm den Jungen an der Hand und brachte ihn nach Hause.

Aber der Weg war weiter gewesen, als er gedacht hatte, und so kam er erst heim, als es schon dunkelte. Er erschrak fast, als er sah, dass jemand in seinem Zimmer am Fenster stand. Aber dann tat sein Herz einen Sprung vor Freude. Nun war Gott doch zu ihm gekommen.

Im nächsten Augenblick erkannte er die Frau, die oben bei ihm im gleichen Haus wohnte. Sie sah müde und traurig aus. Und er erfuhr, dass sie drei Nächte lang nicht mehr geschlafen hatte, weil ihr kleiner Sohn Petja so krank war, dass sie sich keinen Rat mehr wusste. Er lag so still da, und das Fieber stieg, und er erkannte die Mutter nicht mehr. Die Frau tat Konrad leid. Sie war ganz allein mit dem Jungen, seit ihr Mann verunglückt war.

Und so ging er mit. Gemeinsam wickelten sie Petja in feuchte Tücher. Konrad saß am Bett des kranken Kindes, während die Frau ein wenig ruhte.

Als er endlich wieder in seine Stube zurückkehrte, war es weit nach Mitternacht. Müde und über alle Maßen enttäuscht legte sich Konrad schlafen. Der Tag war vorüber. Gott war nicht gekommen.

Plötzlich hörte er eine Stimme. Es war Gottes Stimme. »Danke«, sagte die Stimme, »danke, dass ich mich bei dir aufwärmen durfte – danke, dass du mir den Weg nach Hause zeigtest – danke für deinen Trost und deine Hilfe – ich danke dir, Konrad, dass ich heute dein Gast sein durfte.«

11

JETZT KANN GOTT KOMMEN

Ein Mann erfuhr, dass Gott zu ihm kommen wollte. »Zu mir?«, schrie er. »In mein Haus?« Er rannte durch alle Zimmer; er lief die Stiegen auf und ab, er kletterte zum Dachboden hinauf, er stieg in den Keller hinunter. Er sah sein Haus mit anderen Augen. »Unmöglich!«, schrie er. »In diesem Dreckstall kann man keinen Besuch empfangen. Alles schmutzig. Alles voller Gerümpel. Kein Platz zum Ausruhen. Keine Luft zum Atmen.«

Er riss Fenster und Türen auf. »Brüder! Freunde!«, rief er. »Helft mir aufräumen – irgendeiner! Aber schnell!«

Er begann, sein Haus zu kehren. Durch dicke Staubwolken sah er, dass ihm einer zu Hilfe gekommen war. Sie schleppten das Gerümpel vors Haus, schlugen es klein und verbrannten es. Sie schrubbten Stiegen und Böden. Sie brauchten viele Kübel Wasser, um die Fenster zu putzen. Und immer noch klebte der Dreck an allen Ecken und Enden. »Das schaffen wir nie!«, schnaufte der Mann.

»Das schaffen wir!«, sagte der andere. Sie plagten sich den ganzen Tag.

Als es Abend geworden war; gingen sie in die Küche und deckten den Tisch. »So«, sagte der Mann, »jetzt kann er kommen, mein Besuch! Jetzt kann Gott kommen. Wo er nur bleibt?«

»Aber ich bin ja da!«, sagte der andere und setzte sich an den Tisch. »Komm und iss mit mir!«

12

LÄNGST ERWARTET

Schon zum dritten Mal ging Schwester Gudrun am Zimmer von Frau W. vorbei und schaute vorsichtig durch die angelehnte Zimmertür. Die 85-jährige Dame saß immer noch still an ihrem Tisch in dem kleinen Zimmer des Seniorenheims, das sie seit zwei Jahren bewohnte. Sie blätterte in einem Album mit vergilbten Fotos, nippte ab und zu an ihrer Tasse Tee und schaute hin und wieder auf die Uhr. Die Kerzen am Adventskranz waren schon ein gutes Stück heruntergebrannt und draußen war es längst dunkel geworden.

Schwester Gudrun wusste: Frau W. wartete auf ihren Sohn. Schon vor Tagen hatte sie ihr erzählt, dass er sie am dritten Adventssonntag besuchen wolle. Er wohnte in einer 200 Kilometer entfernten Stadt und kam nur zwei bis drei Mal im Jahr aufs Land in das kleine Seniorenheim zu seiner Mutter. »Er ist beruflich viel unterwegs«, hatte Frau W. entschuldigend zu Schwester Gudrun gesagt, »da ist er froh, wenn er sich am Wochenende mal nicht ins Auto setzen muss.«

Frau W. wartete schon fast zwei Stunden. Sie wartete mit Tee und Plätzchen. Sie wartete mit ihrer Festtagstischdecke und einem Adventskranz mit brennenden Kerzen. Sie wartete auf ihren Sohn, den sie vor 55 Jahren geboren hatte. Sie hatte schon oft auf ihn gewartet: vor der Tür des Kindergartens, wenn sie ihn täglich dort abholte; auf der Bank im Wartezimmer des Krankenhauses, als er den schweren Unfall hatte; daheim in der Küche, wenn er von einer wichtigen Prüfung oder einem Bewerbungsgespräch zurückkam. Schlaflos war sie oft bis spät in die Nacht wach gelegen, wenn er mit dem Auto unterwegs war, und hatte aufgeatmet, wenn sie seinen Schlüssel in der Haustüre hörte.

Jetzt wartete sie wieder. »Vielleicht ist ihm etwas dazwischen gekommen? Es wird doch nichts passiert sein!« Sorge mischte sich in ihre Gedanken, und auch ein wenig Traurigkeit machte sich breit. Sie spürte die Müdigkeit in ihrem Körper, mehr noch vielleicht in ihrem Herzen. Sie glaubte Stimmen auf dem Gang zu hören, vernahm, wie Schwester Gudrun am Telefon sagte: »Das tut mir aber leid. Ihre Mutter hatte sich schon so gefreut.« Sie hörte, wie Schwester Gudrun die Zimmertür öffnete, nahm wahr, wie sie sachte die Adventskerzen ausblies, sah den traurigen Blick, den sie ihr zuwarf, und spürte, wie es ihr selbst ganz wehmütig ums Herz wurde.

Und ihre Gedanken wanderten zurück, als ihr Sohn noch ein kleiner Junge war: Wie sie Plätzchen mit ihm gebacken hatte im Advent, und wie er sprachlos gestaunt hatte, als eine kleine elektrische Eisenbahn unter dem Weihnachtsbaum stand. Und sie sah ihn vor sich, wie er damals seine neue Freundin vorgestellt hatte, die später seine Frau wurde, erinnerte sich an seine Abiturfeier und das große Fest zu seinem fünfzigsten Geburtstag und an das letzte Weihnachten, das sie vor drei Jahren noch gemeinsam in ihrer Wohnung gefeiert hatten. Sie tauchte ein in die Welt der Erinnerungen, der Erinnerungen an das, was einmal ihr Leben gewesen war, und als sei ein Vorhang weggezogen, erkannte sie auf einmal, wie sie ein Leben lang immer gewartet hatte, und diese Erkenntnis erfüllte sie mit einem merkwürdigen Schrecken, als habe sie in ihren 85 Jahren doch das Wesentliche verpasst und immer nur im Warteraum gelebt, weil sie immer nur an andere gedacht hatte und nie an sich selbst. Es schien ihr, als sei nun diese Stunde, in der sie vergeblich auf ihren Sohn wartete, wie ein Symbol für dieses ganze nun bald zu Ende gehende Leben, das im Warteraum verrinne und vergehe, und als sei sie selbst jetzt schon vergangen und vergessen.

Das Erste, was sie sah, als sie die Augen wieder öffnete, war das Lächeln ihres Sohnes, so strahlend, wie er schon als kleiner Junge gelächelt hatte, wenn er sie mit etwas überraschte.

»Ich konnte leider erst später kommen«, sagte er leise, »da musst du wohl eingenickt sein.«

Und sie merkte, dass es ein Traum gewesen war und dass sie, während sie noch zu warten glaubte, längst selbst erwartet wurde. Und sie geriet einen Moment lang in tiefes Staunen über diese wunderbare Entdeckung, und wie nebenbei nahm sie wahr, dass die Adventskerzen immer noch brannten.

Auf einer Lichtung in einem Wald stand ein alter krummer Baum. Sturm und Unwetter hatten ihn gezeichnet. Und alt war er, sehr alt. Er wusste, dass seine Tage gezählt sind. Ein Sturm noch, und sein Stamm würde umknicken wie ein Streichholz.

Er war nicht unglücklich darüber, nein, schließlich hatte er ein langes und gutes Leben gehabt. In seinen besten Jahren trug er so viele Früchte, dass sich seine Äste bis zum Boden bogen. Doch jetzt berührten sie nur dann die Erde, wenn sie abgeknickt waren. Gerne wäre er noch zu etwas nütze gewesen, bevor er endgültig ...! »Ach ja«, dachte er, »erinnern wird sich wohl keiner an mich, und vermissen schon gar nicht.«

Eines Tages nun fing ein hektisches Treiben um ihn herum an. Es wurde gehämmert, gesägt, gehobelt und geschliffen. Auf der Lichtung wurde ein Stall gebaut. »Nun, vielleicht können die mich ja brauchen«, dachte er, »als Bretter für die Wände; als Balken, die das Dach halten, oder als Türrahmen?« Er streckte seinen krummen Stamm, so gut er konnte, damit man ihn ja nicht übersah. Aber die Stallwände standen, und keiner hatte ihn geholt; das Dach wurde errichtet, und keiner holte ihn; der Türrahmen wurde eingepasst, und keiner holte ihn. Ja, nicht einmal für die Zaunlatten brauchte man den alten, krummen Baum. Traurig und ohne Kraft stand der Baum da; ja, es schien sogar, als ob sein Stamm noch etwas krummer geworden sei. Und wirklich: beim nächsten Sturm knickte der Stamm um, ohne sich auch nur ein bisschen zu wehren!

Am anderen Morgen kam ein Mann, begutachtete den umgefallenen Baum, holte eine Säge und trennte den Stamm von Wurzel und Krone. Dann holte er Hammer und Meißel und schnitzte mit kräftiger Hand eine – Krippe aus dem alten Baumstamm.

Danach trug er die Krippe in den Stall und füllte sie mit duftendem Heu.

Und ratet mal, was noch in diese Krippe gelegt wurde? Eine Frau und ein Mann kamen eines Tages in den Stall und brachten dort ein Kind zur Welt. Und sie legten das Baby genau in diese Krippe. Und man sagte, dieses Kind sei Jesus, der Gottessohn.

Sagt mir, ist es nicht das Schönste, was passieren konnte: Gottes Sohn zu tragen, ihm Geborgenheit, Schutz und Wärme zu geben?

So war der alte, krumme Baum schließlich doch noch zu etwas nütze geworden.

14
DIE SCHÖNE ODER HÄSSLICHE TANNE

Der Hauptandrang war vorüber, da kam noch ein Vater mit seiner etwa zehnjährigen Tochter. Ich wollte sie allein nach ihrem Christbaum suchen lassen. Das Mädchen hat sich sofort auf einen bestimmten Baum festgelegt. Es war ein »hässlicher« Baum.

Sie fragte mich, warum der Baum stehen geblieben wäre. Ich habe versucht, ihr zu erklären, dass er eben nicht so schön gewachsen ist und ihn deshalb keiner kaufen wollte. Auch der Vater versuchte, ihr den Baum auszureden, doch damit stieß er auf taube Ohren bei dem Mädchen. Der Vater sagte: »Was wird die Mutti sagen, wenn wir mit diesem Baum nach Hause kommen?«

Die Tochter: »Die wird es schon verstehen, denn wir Menschen sind es doch, die darüber urteilen, was schön und was hässlich ist.« Vater: »Einen Unterschied muss man trotzdem machen.« Die Argumente gingen hin und her, aber dann war das Mädchen mit seiner Geduld am Ende. »Papa«, sagte sie ganz energisch, »der liebe Gott hat weder schöne noch hässliche Menschen gemacht. Denn ein hässlicher Mensch kann so schön sein und ein schöner Mensch kann hässlich sein, es kommt doch auf das Herz an. So ist es auch mit diesem Baum. Ich sehe ihn mit meinem *Herzen* und er ist schön!«

Damit war die Entscheidung gefallen, denn der Vater hatte nichts mehr zu entgegnen. Der Baum wurde abgesägt und mitgenommen.

Als ich einige Wochen später den Vater wieder traf, fragte ich ihn nach dem Weihnachtsfest. »Es waren die schönsten Weihnachten, die wir je hatten; denn unser Kind war glücklich mit seinem Baum!«

15

DEN SCHATZ VON WEIHNACHTEN SUCHEN

Den jungen Männern, die zum ersten Mal zu ihm kamen, pflegte Rabbi Bunam die Geschichte von Rabbi Eisik aus Krakau zu erzählen.

Dem war nach Jahren schwerer Not, die sein Gottvertrauen nicht erschüttert hatten, im Traum befohlen worden, in der Stadt Prag an der Brücke, die zum Königsschloss führt, nach einem Schatz zu suchen.

Als der Traum zum dritten Mal wiederkehrte, machte sich Rabbi Eisik auf und wanderte nach Prag. Aber an der Brücke standen Tag und Nacht Wachtposten, und er getraute sich nicht zu graben. Doch kam er jeden Morgen zur Brücke und umkreiste sie bis zum Abend.

Endlich fragte ihn der Hauptmann der Wache, auf sein Treiben aufmerksam geworden, freundlich, ob er hier etwas suche oder auf jemand warte.

Rabbi Eisik erzählte, welcher Traum ihn aus fernem Land hergeführt habe. Der Hauptmann lachte: »Und da bist du armer Kerl mit deinen zerfetzten Sohlen einem Traum zu Gefallen hergepilgert? Ja, wer Träumen traut! Da hätte ich mich ja auch auf die Beine machen müssen, als es mir einmal im Traum befahl, nach Krakau zu wandern und in der Stube eines Juden Eisik unterm Ofen nach einem Schatz zu graben. Ich kann's mir vorstellen!« Und er lachte wieder.

Rabbi Eisik verneigte sich, wanderte heim, grub den Schatz aus und baute das Bethaus, das Reb Eisik heißt.

16
WANN KOMMT DAS GLÜCK?

Der kleine Nachtwächter eines unbedeutenden Dorfes findet im Mondschein ein vierblättriges Kleeblatt. Er weiß, dass dies Glück bedeutet. Aus Freude darüber bläst er in sein Horn, ruft die Dorfbewohner zusammen. Und der Poet, die Marktfrau, der Schmied, das Blumenmädchen und der Lausejunge kommen herbeigeeilt.

»Das Glück besucht mich heute Nacht«, verkündet der kleine Nachtwächter freudestrahlend.

Und alles setzt sich nieder und wartet auf das Glück, das sich im Kleeblatt angekündigt hatte.

Es wird ganz ruhig, alle lauschen in die Nacht hinaus. Der Wind raschelt leise in den Blättern, die Nachtigall singt im nahen Wald, ab und zu schwirrt eine Fledermaus vorbei – sonst aber ist nichts zu vernehmen, die Nacht hat sich ausgebreitet mit ihrer tiefen Ruhe.

»Wann kommt endlich das Glück?«, ruft der Lausejunge. Der Poet aber, die Marktfrau, der Nachtwächter und das Blumenmädchen – sie alle verstehen, dass das Glück bereits eingezogen ist.

Sie sitzen da und hören und lauschen bis zur Morgendämmerung.

Ein Ankerplatz für die Seele

Von der Kraft der Stille und von Träumen, die die Welt verwandeln

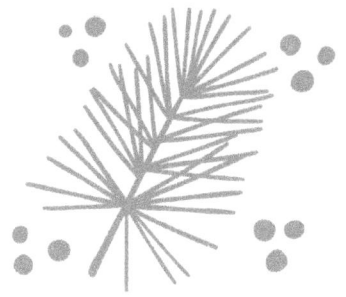

IN DER STILLE SICH SELBST ERFAHREN

Zu einem einsamen Mönch kamen eines Tages Besucher. Sie fragten ihn: »Was für einen Sinn siehst du in deinem Leben der Stille?«

Der Mönch war gerade mit dem Schöpfen von Wasser aus einer tiefen Zisterne beschäftigt. Er sprach zu seinen Gästen: »Schaut in die Zisterne! Was seht ihr?«

Die Besucher blickten in die tiefe Zisterne. »Wir sehen nichts.«

Nach einer kurzen Weile forderte der Einsiedler die Leute wieder auf: »Schaut in die Zisterne! Was seht ihr?«

Die Leute blickten wieder hinunter. »Ja, jetzt sehen wir uns selber!«

Der Mönch sprach: »Schaut, als ich vorhin Wasser schöpfte, war das Wasser unruhig. Jetzt ist das Wasser ruhig. Das ist die Erfahrung der Stille: Man sieht sich selber!«

DIE LEGENDE VOM TIEFSTEN RAUM

Es war einmal ein König, der war bei seinem Volke geachtet und beliebt. Er besaß eine große Schatzkammer, und es machte im Freude, seinen Untertanen daraus zu geben, was sie brauchten.

Der König hatte allerdings eine Eigenart, die seine Umgebung befremdete: Einmal am Tag, meistens am Morgen, ging er in den untersten, den tiefsten Raum seines Schlosses. Dort blieb er für längere Zeit. Jedermann rätselte, was er wohl in diesem Raum tat. Niemand außer ihm durfte diesen Raum betreten.

Als der König alt geworden war und sein Ende kommen fühlte, rief er seinen Sohn, um ihm die Herrschaft zu übertragen. Schließlich führte er ihn auch in jenen Raum, den er selbst täglich aufgesucht hatte. Wie überrascht war der Sohn, als er seinen Fuß hineinsetzte: Der Raum war leer.

Der König bat seinen Sohn, er möge eine Nacht in diesem Raum verbringen.

Am nächsten Morgen stieg er hinunter und fragte ihn: »Was wirst du mit diesem Raum machen, wenn ich gestorben bin?«

»Ich werde ihn zumauern lassen«, antwortete der Sohn. Da bat ihn der Vater, eine weitere Nacht dort zu verbringen.

Wieder fragte der Vater ihn am Morgen: »Was wirst du tun mit diesem Raum, wenn ich gestorben bin?«

Der Sohn antwortete: »Die ganze Nacht habe ich hin und her überlegt, wie ich diesen Raum füllen kann, aber ich weiß nicht wie.«

Da bat ihn der Vater, noch eine dritte Nacht in der Kammer zu verbringen.

Und als er am Morgen hinunterging, lag sein Sohn friedlich am Boden und schlief. Ein letztes Mal fragte der Vater: »Was wirst du machen mit diesem Raum, wenn ich gestorben bin?«

Da antwortete der Sohn: »Ich werde wie du jeden Tag einmal in diesen Raum einkehren.«

Kurz darauf starb der König, und der Sohn regierte so gut wie der Vater. Immer hatte er genug, um jedem zu geben, was er brauchte.

Tief unten am Grunde der Eider, des Grenzflusses von Schleswig-Holstein, lebt eine dunkle, beinahe unscheinbare Muschel. Sie macht kaum auf sich aufmerksam. Zufrieden ist sie, wenn sie still daliegt und lauscht. Es gibt so viel zu bestaunen.

Am besten gefällt es der Muschel, wenn der Vollmond sich im Wasser spiegelt. Dann leuchtet das Mondlicht sogar hinab auf den Grund des Flusses. Bis hin zu ihr. Die Muschel liegt ganz still da und nimmt das Licht in ihr Inneres auf, bis hinein in ihr Herz.

Eines Tages kommt ein stolzer Fisch zu der Muschel geschwommen. »Sieh mal an, eine dunkle Muschel«, sagt der Fisch. »Bald hätte ich dich übersehen, du kleines, unscheinbares Muschelding. »Hat dein Leben eigentlich einen Sinn?«, fragt der stolze Fisch und rümpft die Nase. Er schwimmt vor der Muschel hin und her, damit sie ihn von allen Seiten bewundern kann.

»Wie schön doch der Fisch ist«, denkt die Muschel. Aber es fällt ihr nicht ein, neidisch zu sein. Ihr gefällt es, zu lauschen, zu schauen und alles Schöne tief in sich hineinzunehmen. So ist sie mit sich und der Welt zufrieden.

Eines Abends, die Sonne wirft gerade noch ihre letzten Strahlen auf das Wasser: Zwischen den kleinen Tröpfchen schimmert ein Regenbogen hindurch. An diesem Abend kommt der Fisch nach langer Zeit wieder einmal zur Muschel geschwommen und fragt: »Was machst du da?«

»Ich bin still«, antwortet die Muschel. »Wenn man still ist, beginnen die Dinge zu reden. Hörst du das Wasser, die

Pflanzen, die Steine? Siehst du den Himmel, die Sterne, den gelben Mond?«

Der geschäftige Fisch versteht davon nichts. Verächtlich dreht er sich um und schwimmt kopfschüttelnd davon.

Er ahnt noch nicht, dass dies ihr letztes Gespräch sein soll. Denn in dieser Nacht fährt ein Fischer über die Eider. Eine ganze Weile lässt er seinen alten Holzkahn leise auf dem Wasser schaukeln. Er sitzt auf seiner Bank und lauscht auf das Plätschern des Wassers. Am Ufer spritzen noch ein paar übermütige Vögel im Wasser, und über ihm schiebt sich der Mond langsam am Horizont entlang.

Erst weit nach Mitternacht erhebt sich der Mann. Ganz behutsam stellt er sich aufrecht in sein Boot, und mit einer weit ausholenden Handbewegung wirft er seine Netze hinaus auf das Wasser. Er wartet ab, bis die kleinen Schwimmer sich nur noch leise schwankend im Wasser bewegen. Dann setzt er sich wieder und wartet auf den Morgen.

Als die ersten Sonnenstrahlen über den Fluss streichen, zieht der Fischer prüfend an den Netzen: Jetzt sind sie voll und schwer. Nach und nach zieht er die Netze wieder in sein Boot. Unter dem Fang sind auch unsere Muschel und der stolze Fisch. Der Fischer beginnt sorgfältig seine Netze zu leeren. Fisch kommt zu Fisch, einer gleicht dem anderen. Unser stolzer Fisch ist mit einem Mal sehr traurig: Nun ist er nichts Besonderes mehr. Heute noch wird der Fischer ihn zum Markt bringen und verkaufen.

Der Fischer indes holt alles heraus, was ihm heute ins Netz gegangen ist. Als seine feuchten Finger die Muschel berühren, zieht er sie behutsam an sich. Unwillkürlich spürt er: In dieser Muschel ist ein Schatz verborgen. Kaum lässt er diesen Gedanken zu, da beginnt die Muschel, sich ganz sachte zu öffnen. Nachdem der Fischer ihr dabei eine Weile zugeschaut hat, blickt er gespannt in die Muschel hinein und staunt. Noch nie hat er etwas so Wunderbares gesehen. Mitten in der Muschel liegt eine leuchtende Perle. Sie funkelt im Strahl der Morgensonne und ist außergewöhnlich kostbar und schön. Alles, was die Muschel tief unten auf dem Grund des Flusses in Ruhe und Stille erlauscht und geschaut hat, ist tief in ihr Herz aufgenommen worden. Dabei ist dies alles zu einem wertvollen Schatz geworden: zu einer edlen, einzigartigen Perle.

Der Fischer lässt alsbald alle seine Fische liegen, nimmt die Muschel vorsichtig in die Hand und setzt sich ans Ufer. Beinahe ehrfürchtig schaut er die Perle an, streichelt sie mit seinen Fingerkuppen, blickt in die Ferne und beginnt zu träumen. Dabei strahlt der Fischer über das ganze Gesicht. Seine Augen glänzen, er ist sehr glücklich.

20
DIE KLEINE STILLE UND DER GROSSE LÄRM

Im Dezember saß die kleine Stille traurig und mutlos in einer Ecke der Welt. Hoffnungslos betrachtete sie das Treiben in Dörfern und Städten. Rings um sie herum tobten Eile und Betriebsamkeit. Die Menschen hasteten geschäftig hin und her – ein Termin, eine Veranstaltung, eine Verabredung. Eine Verpflichtung jagte die nächste, und auch die vielen Adventsfeiern waren laut und lärmend. In den Geschäften herrschte ein hektisches Gedränge, und aus Lautsprechern wurden Waren lauthals angepriesen. Weihnachtslieder tönten aus allen Ecken.

Keiner hatte Zeit, keiner achtete auf den anderen und niemand vernahm das zaghafte Rufen der kleinen Stille. Mitten in all diesem Treiben und dieser Geschäftigkeit hatte sich der große Lärm breitgemacht, und er fühlte sich dort besonders wohl, wo er den meisten Krach machen konnte. Selbstzufrieden betrachtete er sein Werk.

Da nahm die kleine Stille ihren ganzen Mut zusammen und kämpfte sich durch das Gedränge, bis sie vor dem großen Lärm stand. Vorsichtig zupfte sie an seinem Rock, denn der Lärm war ein Riese, groß und furcherregend. Doch der große Lärm bemerkte die kleine Stille nicht, er war viel zu sehr damit beschäftigt, noch größeren Krach und Chaos zu verbreiten. Wieder und wieder versuchte es die kleine Stille, bis der große Lärm endlich reagierte und sich missmutig zur kleinen Stille herunterbeugte. »Was willst du von mir? Lass mich in Ruhe, siehst du nicht, dass ich beschäftigt bin!«, herrschte er sie an.

Da sagte die kleine Stille zum großen Lärm: »Du Lärm, du machst dich so schrecklich breit und lässt mir keinen Platz in den Herzen der Menschen. Sie können mich nicht mehr hören und mich nicht mehr verstehen. Keiner weiß mehr, wer ich bin.«

»Und?«, fragte der große Lärm ungeduldig, »was habe ich damit zu schaffen? Das ist nicht mein Problem, ich kann mich nicht beklagen.«

Die kleine Stille antwortete: »Merkst du nicht, wie die Menschen krank werden von all dem Lärm, der Hetze und Eile? Sie werden krank an Leib und Seele. Sie haben keine Zeit mehr zuzuhören. Keine Zeit, nach *innen* zu hören; das ganz Leise und Zarte zu verstehen. Komm, rutsch ein wenig zur Seite, damit man mich wieder wahrnimmt und versteht.«

Der große Lärm aber war immer noch ganz und gar von sich überzeugt und hatte nicht die geringste Absicht, der kleinen Stille Platz zu machen. Die Menschen liebten ihn doch, warum also sollte er das tun?

Aber die kleine Stille gab nicht auf. Wieder zupfte sie an seinem Rock. »Komm«, sagte sie, »beug dich ein wenig zu mir herunter, ich möchte dir etwas sagen.«

Der große Lärm beugte sich herunter, und die kleine Stille flüsterte ihm etwas ins Ohr. Plötzlich wurde der große Lärm ganz still und nachdenklich. Ein Leuchten ging über sein hartes und zerfurchtes Gesicht und leise fragte er: »Das alles will Gott sagen und schenken?«

»Ja«, flüsterte die kleine Stille, »Gott möchte in die Welt kommen, aber nicht in diesen Lärm, den du verbreitest. Gott möchte die Herzen der Menschen erreichen, ihnen wieder innere Ruhe und Zufriedenheit schenken. Siehst du, und deshalb bin ich hier, denn ich habe allen etwas zu sagen. Doch du machst dich einfach zu breit. Wenn du mir jetzt etwas Platz machst und wir es richtig anfangen, ist für uns beide Raum genug.«

Und tatsächlich, der große Lärm rutschte zur Seite, und die kleine Stille wurde wieder gehört und wahrgenommen.

Die Menschen begannen, sich wieder auf das zu besinnen, was in der Adventszeit so wichtig war: Stille zu genießen, dem Spiel einer flammenden Kerze zuzusehen oder gemeinsam mit den Kindern um den Adventskranz zu sitzen und Lieder zu singen. Und zu warten und sich zu freuen auf das, was vor zweitausend Jahren in einem armseligen Stall geschah.

Es war einmal ein kleiner Junge, der lebte in einem kleinen Haus auf einem grünen Hügel. Er war glücklich. Und doch fehlte ihm etwas zu seinem Glück, denn da gab es etwas, das er sich mehr als alles auf der Welt wünschte: Jeden Tag gegen Abend, wenn die Sonne allmählich sank, saß er auf der Schwelle, stützte sein Kinn in die Hand und starrte über das weite Tal hinüber zu einem Haus, das goldene Fenster hatte. Wie Diamanten leuchteten sie! Es war ein wunderbarer Anblick, und er konnte sich nicht sattsehen, und er wünschte sich sehnlichst, dass er einmal in einem solch schönen Haus wohnen könnte.

Tag für Tag, Jahr für Jahr faszinierte ihn das Haus mit den goldenen Fenstern, und als er schließlich alt genug war, um in die Schule zu gehen, beschloss er, das Haus seiner Träume endlich kennenzulernen.

An einem Nachmittag im Sommer machte er sich auf den Weg. Aber er brauchte länger, als er gedacht hatte, und als er schließlich ankam, war die Sonne bereits untergegangen. Er erlebte eine schreckliche Enttäuschung: Das Haus hatte gar keine goldenen Fenster, ja es war nichts anderes als eine einfache Hütte mit ganz gewöhnlichen Fenstern.

In der Hütte lebte ein Mann mit seiner Frau, und da es schon zu spät für den Rückweg war, behielten sie den kleinen Jungen über Nacht bei sich.

Wie groß aber war seine Überraschung, als er am frühen Morgen erwachte und aus dem Fenster schaute: Fern über dem Tal stand ein anderes Haus mit goldenen Fenstern, und jedes einzelne Fenster blinkte und blitzte so herrlich, wie er es nie zuvor gesehen hatte. Voller Erwartung lief er darauf zu. Da erkannte er es: Es waren die Fenster des Hauses, in dem er wohnte.

22 TRÄUME HABEN FLÜGEL

»Du bist ein Dummkopf«, sagte der Realist eines Tages zum Träumer. »Die Straße des Lebens ist nichts für Träumereien. Sie ist asphaltiert und gerade. Kurven lassen sich vorhersehen. Kreuzungen sind berechen-, oder mindestens versicherbar.«

»Du bist ein Dummkopf«, sagte der Realist zum Träumer. »Die Straßen des Lebens sind voller Hektik, gefährlich und eng – da ist kein Platz für große Träume.«

»Ja, gingen die Träume auf unseren Lebensstraßen – du hättest wahrscheinlich recht«, sagte der Träumer zum Realisten und sein Blick folgte dem Wolkenflug.

»Aber bedenke, Träume haben keine Beine – Träume haben Flügel.«

23 DIE SEELE IST REICH AN HIMMLISCHEN SCHÄTZEN

Es war einmal ein König, der hatte drei Söhne. Als er alt war, vermachte er dem ersten die eine Hälfte des Königreiches und dem anderen die zweite. Den dritten Sohn hatte er übersehen und ihm keinen Erbteil zugedacht; darüber war dieser Sohn sehr traurig. Der König aber tröstete ihn und sagte: »Ich schenke dir einen Ankerplatz für deine Sehnsucht und deine Träume.«

»Wo finde ich diesen Ort?«, fragte der junge Königssohn den Vater.

»Morgen«, erwiderte der König, »morgen werde ich ihn dir zeigen.«

Am anderen Tag aber war der alte König gestorben.

Der dritte Königssohn machte sich auf, den Ort zu suchen, den ihm der Vater verheißen hatte. Er reiste in der ganzen Welt umher, fand ihn aber nicht. Schließlich, als er meinte, die ganze Welt zu kennen, den versprochenen Ankerplatz aber nicht gefunden hatte, gelangte er auf eine Insel.

Kaum hatte er ihren Boden betreten, wusste er, dass er sich dort befand, wohin er sich in seinem Herzen gesehnt und wovon er in den dunklen Stunden der Nächte geträumt hatte. Er war da, wo die Erde und der Himmel, wo Regen und Wind, wo Sonne und Wolken noch zu den Menschen sprechen – wenn man zuhört und sich müht, sie zu verstehen.

Dazu muss man ganz still sein. Manchmal muss man dem Regen sein Gesicht hinhalten, damit er es wäscht, und dem Wind, damit er es trocknet. Und dem Himmel muss man seine Augen schenken, damit er sich in ihnen spiegeln kann, und den Wolken die Trauer des Herzens, wenn die Stunde des Abschieds naht.

Es kann sein, dass dieses Land auch zu dir redet mit seinen Farben und seinem Licht, mit seinem Regenbogen und seinen Sonnenuntergängen, die nicht von dieser Welt sind. Und dieses Land wird vielleicht nicht eher Ruhe geben, bis auch du es annimmst als den dritten Erbteil des alten Königs, der seinem Sohn einen Ankerplatz für seine Sehnsucht und seine Träume versprochen hatte ...

Denn die Insel der Seele ist an himmlischen Schätzen so reich, wie sie reicher nicht sein kann.

24

DAS MONDHARFENLIED

»Und du weißt wirklich nicht, was das ist, ein Mondharfenlied?«, fragte das Kind erstaunt. Der alte Mann schüttelte ratlos den Kopf. Das Kind dachte lange darüber nach, warum ein Mensch so viel länger auf der Welt war und dennoch keine Ahnung hatte von etwas so Wichtigem.

»Es ist so«, begann es vorsichtig, »wenn du spät abends am Fenster stehst und in den Sternenhimmel hinaufschaust, dann wird es stiller und stiller. Und wenn es ganz still geworden ist, auch in deinem Herzen, dann kannst du auf einmal das Mondharfenlied hören. Es kann dich sehr glücklich machen.«

An diesem Abend stand der alte Mann lange am Fenster, richtete seinen Blick zum Himmel, aber das Mondharfenlied hörte er nicht. Auch am folgenden Abend stand er dort. Nichts geschah. Am dritten Abend wollte er fast schon aufgeben, aber er versuchte es noch einmal. Da musste er plötzlich daran denken, dass er vor langen Jahren als kleiner Junge genauso dagestanden und in die Nacht hinausgeschaut hatte. Und auf einmal, während er die Mondsichel betrachtete, hörte er einen leisen, unendlich schönen Klang. Das Mondharfenlied. Er wusste es sofort. Und er begriff im gleichen Augenblick, warum die meisten Menschen nichts hörten, wenn sie den Nachthimmel anschauten, und warum auch er nichts gehört hatte bislang. Das Geheimnis ist dies, dachte der alte Mann: Nur wer sich an seine Kinderaugen erinnert, der kann das Lied hören. Er war auf einmal sehr glücklich.

Wenn du abends im Dunkeln an seinem Haus vorbeigehst, dann kannst du ihn vielleicht hinter der Fensterscheibe erkennen. Du weißt, dass er dann das Mondharfenlied hört.

DIE KUNST DES HÖRENS

Auf einer Insel gab es einmal einen Tempel mit tausend Glocken; große und kleine, geschaffen von einem der begnadetsten Handwerkern der Welt. Wenn der Wind sie berührte oder ein Sturm sie schüttelte, ließen die Glocken eine Symphonie erklingen, die das Herz dessen, der sie hörte, in Ekstase versetzte.

Jahrhunderte vergingen. Irgendwann versank die Insel im Ozean – und mit ihr versanken die Tempelglocken. Eine Legende aber berichtet, dass die Glocken immer noch unaufhörlich läuten. Und ein jeder, der genau hinhört, kann sie vernehmen.

Ein junger Mann glaubte der Legende und machte sich auf den Weg – tausende von Meilen, um diese Glocken zu hören. Viele Tage lang saß er an dem Ufer, das einmal die versunkene Insel gesehen hatte, und hörte mit ganzer Entschlossenheit hin. Aber in seine Ohren drang nur das Tosen des Meeres. Angestrengt versuchte er, es zu igno-

rieren, es half nichts. Das Tosen schien die Welt zu über-
fluten. Wochenlang blieb er seinem Vorhaben treu. Jedes
Mal, wenn er den Mut verlieren wollte, ging er zu den weisen Männern des Dorfes und hörte, wie sie mit Ehrfurcht
die geheimnisvolle Legende von den Tempelglocken er-
zählten. Sein Herz entflammte dabei immer wieder neu
– um ebenso wieder enttäuscht zu werden. Sein Mühen
zeigte keinen Erfolg. Irgendwann entschloss er sich aufzugeben. Vielleicht war es nicht seine Bestimmung, die
Glocken zu hören. Vielleicht war die Legende auch gar
nicht wahr.

So ging er vor seiner Abreise noch einmal an den Strand,
um sich vom Meer und vom Himmel, vom Wind und den
Kokospalmen zu verabschieden. Er legte sich in den Sand
und lauschte zum ersten Mal einfach nur dem Tosen des
Meeres und begann dabei zu träumen. Bald verlor er sich
so sehr in das Geräusch, dass er sich seiner selbst kaum
noch bewusst war. So tief war das Schweigen, das sich in
der Mitte des Tosens ausbreitete.

Und in diesem Schweigen hörte er es! Das Klingeln einer
winzigen Glocke, gefolgt von einer anderen, und wieder
einer und noch einer … bis eine jede der tausend Glocken
in jene unbeschreibliche Harmonie einstimmte, die sein
Herz in selige Ekstase hob.

Majuaq war eine greise Eskimofrau. Knud Rasmussen, der Forscher, hatte sie gebeten, aus der Geschichte ihres Stammes zu erzählen. Die alte Majuaq schüttelte den Kopf und sagte: »Da muss ich erst nachdenken, denn wir Alten haben einen Brauch, der Quarrtsiluni heißt.«
»Was ist Quarrtsiluni?«
»Das werde ich dir jetzt erzählen, aber mehr bekommst du heute auch nicht zu hören.«
Und Majuaq erzählte mit großen Handbewegungen: »In alten Tagen feierten wir jeden Herbst große Feste zu Ehren der Seele des Wales. Diese Feste mussten stets mit neuen Liedern eröffnet werden; alte Lieder durften nie gesungen werden, wenn Männer und Frauen tanzten, um den großen Fangtieren zu huldigen.
Und da hatten wir den Brauch, dass in jener Zeit, in der wir unsere Worte zu diesen Hymnen suchten, alle Lampen ausgelöscht werden mussten. Es sollte dunkel und still im Festhaus sein. Nichts durfte stören, nichts zerstreuen. In tiefem Schweigen saßen sie in der Dunkelheit und dachten nach, alle Männer und Frauen, sowohl die alten wie die jungen, ja sogar die Kinder, wenn sie nur eben so groß waren, dass sie sprechen konnten.
Diese Stille war es, die wir Quarrtsiluni nannten. Sie bedeutet, dass man auf etwas wartet, das aufbrechen soll. Denn unsere Vorväter hatten den Glauben, dass die Gesänge in der Stille geboren werden. Dann entstehen sie im Gemüt der Menschen und steigen herauf wie Blasen aus der Tiefe des Meeres, die Luft suchen, um aufzubrechen. So entstehen die heiligen Gesänge.«

Der Hass und die Liebe trafen sich.

»Höre«, sagte der Hass zur Liebe, »wir wollen eine Wette abschließen, wer von uns beiden die Welt regieren soll.« Die Liebe schätzte Wetten nicht. Sie fand, man setze nichts aufs Spiel, am wenigsten sich selber. Sie schwieg. Der Hass nahm es als Zustimmung. »Es gilt«, sagte er, »dem soll die Welt gehören, dessen Stimme bis in den Himmel zu dringen vermag.«

Die Liebe sah flüchtig auf, dann senkte sie wieder den Kopf. Der Hass nahm es als Zustimmung.

»Jeder«, sagte er, »kann es dreimal versuchen.« Er stellte sich fest auf seine kräftigen Beine, holte tief Atem und rief. »Himmel, hörst du mich? Ich bin der Hass!«

Erwartungsvoll sah er nach oben. Die Liebe sagte nichts. Sie getraut sich noch nicht, dachte der Hass, weil sie meine laute, kräftige Stimme hört. Ich will es gleich nochmals versuchen. Er holte tief Atem. Seine Stimme klang noch stärker als vorher.

»Himmel«, rief er, »hörst du mich? Ich bin der Hass!«

Er blickte zur Liebe, die noch immer still stand und wartete. Er sah nach oben. Da hörte er eine Stimme.

»Liebe«, sagte die Stimme vom Himmel. Die Liebe stand still und schwieg. Der Hass sah, dass sie lächelte.

»Liebe«, sagte die Stimme, »ich höre dich.«

»Wie kommt es«, fragte der Hass voll Ärger, »dass deine Stimme bis in den Himmel dringt? Ich habe nichts gehört. Du hast doch gar nichts gesagt!«

»Nichts gesagt?«, fragte die Liebe. »Meine stärkste Kraft liegt im Schweigen.«

Bei uns zu Hause gab es den beliebten Brauch, sich im Advent abends um den Adventskranz zu setzen. Wir hörten gerne einer Geschichte zu.

Manchmal forderte Mutter uns auf, eine »Kerzenstunde« zu feiern. Das Besondere daran war, fünf oder zehn Minuten ganz still zu sein und in das Licht der Kerze(n) zu schauen. Aber wir saßen dann nicht gelangweilt herum, sondern wir sammelten Freuden. Das heißt: Wir sollten dabei an das denken, was uns heute Freude gemacht hatte, aber auch, worauf wir uns freuten – und das nahm vor Weihnachten natürlich den größten Raum ein.

So bewegten wir in unseren Herzen leuchtende Gedanken.

Mutter lächelte dann und sagte auch schon mal: Das ist wie früher, wenn wir Strohhalme in die Krippe legten, damit das Christkind nicht so hart liegen brauchte. Jetzt haben wir Stille gesammelt, damit es genug Ruhe hat zum Schlafen.

Und dann sangen wir am Ende der stillen Zeit noch ein leises Lied.

Mit den Augen des Herzens sehen

Von der verwandelnden Kraft der Liebe

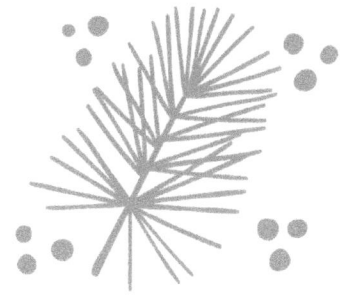

»Lieber Mister Gott!

Heut schreib ich Dir über meinen Freund Fynn. Es gibt ja welche, die nicht genau wissen, wie Fynn ist, und das find ich traurig, weil Fynn, das ist der beste Mensch von der Welt. Er ist sehr groß und stark, aber er ist trotzdem sehr nett und sehr lieb. Er kann mich mit Schwung in die Luft werfen und dann auch wieder auffangen. Wie ein schöner Baum aus Mensch ist er. Aber das weißt Du ja auch.

Fynn sagt, wenn man in einem Haus wohnt, wo die Scheiben ganz schmutzig sind, und guckt raus, dann meint man, die Welt draußen ist so schmutzig, dabei ist sie es gar nicht. Und wenn man von draußen reinguckt ins Haus, dann denkste, es ist innen ganz schmutzig, aber das stimmt auch nicht. Es sind immer nur die Fenster, die schmutzig sind. Und Fynn sagt deshalb nämlich, dass alle Menschen zwei verschiedene Arten von Fenstern haben: die Augenfenster, davon haben sie zwei, und das Herzfenster, davon hat jeder nur eins. Die Augenfenster sind da, um rauszugucken, und das Herzfenster ist da, um nach innen reinzugucken. Wenn man weint, sagt Fynn, dann ist das nicht nur wegen was Traurigem. Es ist auch dafür, dass man mal die Augenfenster putzen muss. Wenn sie dann sauber geworden sind von den Tränen, kann man besser durchgucken, und dann ist die Welt wieder viel heller als vorher.

Manchmal guck ich lieber durchs Herzfenster wie durch die Augenfenster. Weil, draußen kenn ich bald alles, was es zu sehen gibt. Aber wenn ich durchs Herzfenster nach innen reinguck, da seh ich immer Neues. Bei mir auch. Denn von innen, sagt Fynn, kennt sich niemand so gut, wie er seinen Garten kennt oder die Leute von gegenüber. Und das ist, weil das Herzfenster aus anderem Glas ist. Nach draußen, durch die Augenfenster, siehste meistens klarer, findet Fynn. Aber ich glaub, ich seh mit dem Herz besser.«

(Anna)

30
VOM WUNDERLICHT

Sonnenstrahlen erfreuen unser Herz. Der schönste Sonnenstrahl ist, wenn uns einer liebt oder uns lobt oder uns verzeiht.

Ein König war blind geworden und durchlebte traurige Tage. Da träumte er eines Nachts von einem wunderbaren Licht, das unter den Menschen verborgen sei und ihm alle Blindheit nehme.

Sofort schickte der König seine Kinder los, um das Wunderlicht zu suchen. Der älteste Sohn brachte nach langer Zeit Gold und edle Steine, die in der Sonne herrlich glänzten. Der König freute sich darüber; aber das Wunder blieb aus.

Der zweite Sohn brachte einen mächtigen Spiegel, der die Sonnenstrahlen in den Thronsaal spiegelte und mit schönstem Licht erfüllte. Der Vater spürte die prächtige Helligkeit, aber das Wunder blieb aus.

Schließlich kehrte die Prinzessin zurück. Sie trat zögernd und mit leeren Händen vor den König und sagte: »Lieber Vater! Ich habe das Wunderlicht nicht finden können, aber ich möchte dir von der Herzlichkeit erzählen, der ich überall begegnet bin: Dein Volk liebt dich von ganzem Herzen und sieht in dir einen guten Freund, der sich um alle bemüht. Diese Zuneigung möchte ich dir weitergeben wie ein Licht, das dein Herz erleuchten soll.«

Dann umarmte sie ihn und küsste ihn auf beide Augen. In dem Augenblick durchströmte den König eine Welle der Freude und des Glücks und er rief: »Danke, mein Kind, mein Volk hat mir meine Blindheit weggeküsst!«

31
LIEBE KANN DAS STÄRKSTE EIS TAUEN

Ein japanisches Märchen erzählt: Oschoo war der Sohn braver, fleißiger Fischersleute. Er war ein guter Fischer und half seinen Eltern bei der Arbeit, wo er nur konnte, und als seine Eltern alt und schwach wurden, war er ihre einzige Stütze. Er schützte sie vor allem Mangel.

Weil er immer freundlich war, kauften alle Leute der Umgegend ihre Fische bei ihm, und jedermann hatte ihn gern. Reicher geworden, kaufte er sich oben im Gebirge einige große Teiche mit herrlichen Karpfen. In einem harten, strengen Winter aber, als alle Teiche fest zugefroren und dick mit Eis bedeckt waren, erkrankte seine Mutter. Eines Tages sagte sie zu Oschoo: »Ich werde sicher sterben, aber wenn ich nur einen Karpfen aus deinen Teichen hätte, so könnte ich vielleicht noch einmal gesund werden.«

Oschoo war sehr traurig über die Worte seiner Mutter. Er wusste, wie dick das Eis auf den Teichen lag; aber er sprach: »Ich gehe sofort, Euch einen Fisch zu holen.« Er nahm eine Axt über die Schulter; aber der Wind pfiff so eisig vom Gebirge herunter, dass er wenig Hoffnung hatte, das Eis mit der Axt zu durchschlagen. Oschoo warf sich klagend auf das Eis, und dann fing er an zu wimmern und zu jammern, rang seine Hände und rief den Himmel um Hilfe an.

Und siehe, plötzlich fühlte er eine große Wärme seinen Körper durchdringen. Rasch streifte er sein Kleid ab und blieb nackt ausgestreckt auf dem Eis liegen, um es mit seiner Körperwärme aufzutauen. Es dauerte gar nicht lange, so taute das Eis auch wirklich, so weit wie sein Körper reichte; ja, es schwand so plötzlich unter ihm, dass er rasch wieder aufsprang und nun mit einigen Hieben die Eisdecke entfernte. Als das geschehen war, strömten von allen Seiten Karpfen herbei, und Oschoo wählte den besten und schönsten aus.

Zu Hause angekommen, kochte er den Fisch für seine Mutter, und sobald sie davon genossen hatte, fühlte sie sich wunderbar gekräftigt. Und noch ehe der Winter zu Ende gegangen, war sie wieder völlig gesund.

32

DIE BEIDEN BRÜDER AUF DEM BERG MORIJA

Zwei Brüder wohnten einst auf dem Berg Morija. Der jüngere war verheiratet und hatte Kinder, der ältere war unverheiratet und allein.

Die beiden Brüder arbeiteten zusammen, sie pflügten das Feld zusammen und streuten zusammen den Samen aus. Zur Zeit der Ernte brachten sie das Getreide ein und teilten die Garben in zwei gleich große Stöße, für jeden einen Stoß Garben. Als es Nacht geworden war, legte sich jeder der beiden Brüder bei seinen Garben nieder, um zu schlafen.

Der ältere aber konnte keine Ruhe finden und sprach in seinem Herzen: »Mein Bruder hat eine Familie, ich dagegen bin allein und ohne Kinder und doch habe ich gleich viele Garben genommen wie er. Das ist nicht recht.« Er stand auf, nahm von seinen Garben und schichtete sie heimlich und leise zu den Garben seines Bruders. Dann legte er sich wieder hin und schlief ein.

In der gleichen Nacht nun, geraume Zeit später, erwachte der Jüngere. Auch er musste an seinen Bruder denken und sprach in seinem Herzen: »Mein Bruder ist allein und hat keine Kinder. Wer wird in seinen alten Tagen für ihn sorgen?« Und er stand auf, nahm von seinen Garben und trug sie heimlich und leise hinüber zum Stoß des Älteren. Als es Tag wurde, erhoben sich die beiden Brüder, und wie war jeder erstaunt, dass ihre Garbenstöße die gleichen waren wie am Abend zuvor. Aber keiner sagte dem anderen ein Wort.

In der zweiten Nacht wartete jeder ein Weilchen, bis er den anderen schlafend wähnte. Dann erhoben sie sich, und jeder nahm von seinen Garben, um sie zum Stoß des anderen zu tragen.

Auf halbem Weg trafen sie plötzlich aufeinander, und jeder erkannte, wie gut es der andere mit ihm meinte. Da ließen sie ihre Garben fallen und umarmten einander in herzlicher geschwisterlicher Liebe.

Gott im Himmel aber schaute auf sie hernieder und sprach: »Heilig, heilig sei mir dieser Ort. Hier will ich unter den Menschen wohnen.«

Es war einmal ein König. Er war ein guter König und sorgte für seine Untertanen. Niemand musste Hunger leiden. Jeden Streit schlichtete er mit großer Weisheit.

Allmählich aber fühlte er sein Alter nahen und er dachte: »Was soll aus meinem Volk werden, wenn ich es nicht mehr regieren kann?« Lange dachte er nach. Dann ließ er den Prinzen, seinen Sohn, zu sich kommen und sprach: »Mein Sohn, ich habe dir die besten Lehrer gegeben. Du hast viele Wissenschaften dieser Welt studiert. Du kannst mit den besten Degen fechten und die schnellsten Pferde reiten. Aber kannst du auch den Hunger der Menschen stillen? Geh deshalb in die Welt hinaus und suche das Brot der Liebe. Nur wenn du das gefunden hast und es mit deinen Untertanen teilen kannst, werden Liebe und Frieden in deinem Reich regieren. Dann wirst du ein guter König sein.«

So zog der Prinz fort und suchte das Brot der Liebe. Er saß an den Tischen der Fürsten und reichen Kaufleute. Köstliche Brote lagen auf kostbaren Tellern, und alle wollten nur das beste und leckerste haben.

Nein, Brot der Liebe war das nicht!

Er ging in die Backstuben der Dörfer und Städte. Aber die Bäcker verkauften die Brote viel zu teuer. Nein, Brot der Liebe war das auch nicht.

Der Prinz wurde immer trauriger. Wen er auch fragte: Keiner hatte jemals vom Brot der Liebe gehört.

Zuletzt kam er am Rande eines Dorfes auf eine Wiese. Auf der hütete ein Junge eine Schafherde. Der Prinz war müde und setzte sich ins Gras. Der Junge sah ihn an und fragte: »Wer bist du? Du siehst so müde aus!« Der Prinz nickte.

»Vielleicht hast du auch Hunger?«, fragte der Junge und holte aus seiner Tasche ein kleines Brot. »Schau her, das hat meine Mutter für mich gebacken. Es ist nicht groß, denn sie hatte nicht viel Mehl. Aber ich möchte es gern mit dir teilen.« Dann brach der Junge das Brot und reichte dem Fremden ein Stück. Der nahm es und rief: »Ich danke dir, kleiner Junge, dass du mit mir dein Brot teilst. Das ist wirklich das Brot der Liebe, das ich so lange gesucht habe.«

Der Prinz kehrte zum alten König zurück und erzählte ihm, dass ein Hirtenjunge mit ihm sein kleines Brot geteilt habe. Dann sagte er: »Da wusste ich: Das geteilte Brot ist das Brot der Liebe.«

Als der Prinz dann selbst König geworden war, wollte er sich immer an diesen Tag erinnern: »Ich will Jahr für Jahr mit meinen Untertanen ein Brotfest feiern, an dem wir Brot miteinander teilen und von dem Hirtenjungen und dem Brot der Liebe erzählen.«

34

VOM KRUG, DER IMMER WERTVOLLER WURDE

Vor langen, langen Jahren war einmal eine große Trockenheit auf Erden: Alle Flüsse, Bäche und Brunnen waren versiegt, alle Bäume, Sträucher und Gräser vertrocknet, und Menschen und Tiere kamen vor Durst um.

Da ging eines Nachts ein kleines Mädchen mit einem Krug in der Hand von daheim fort, um Wasser für die kranke Mutter zu suchen. Das Mädchen fand nirgends

Wasser und legte sich vor Müdigkeit im Feld auf das Gras und schlief ein.

Als es erwachte und nach dem Krug griff, hätte es beinahe das Wasser verschüttet. Er war nämlich voll frischen, klaren Wassers.

Das Mädchen freute sich und wollte trinken, aber da fiel ihm ein, dass es dann für die Mutter nicht reichen würde, und es lief mit dem Krug nach Hause. Es hatte es damit so eilig, dass es gar nicht ein Hündchen vor seinen Füßen bemerkte, stolperte und den Krug fallen ließ. Das Hündchen winselte kläglich. Das Mädchen langte nach dem Krug.

Es dachte, nun habe es das Wasser verschüttet. Aber nein! Der Krug stand aufrecht auf dem Boden, und nicht ein Tropfen fehlte. Da goss sich das Mädchen ein wenig Wasser in die hohle Hand, und das Hündchen leckte es auf und wurde wieder ganz lustig. Das Mädchen langte wieder nach dem Krug, aber siehe: Da war er nicht mehr aus Holz, sondern aus Silber.

Das Mädchen lief mit dem Krug nach Hause und gab ihn der Mutter. Die Mutter sprach: »Ich muss ohnedies sterben, trink du lieber das Wasser!«, und gab den Krug dem Mädchen. Im selben Augenblick aber verwandelte sich der silberne Krug in einen goldenen.

Da konnte das Mädchen nicht länger widerstehen und wollte den Krug gerade an seine Lippen setzen, als ein Wanderer ins Zimmer trat und um einen Schluck Wasser bat. Das Mädchen schluckte den Speichel hinunter und reichte dem Wanderer den Krug. Und da: Plötzlich erschienen auf dem Krug sieben riesengroße Diamanten, und aus jedem floss ein großer Strahl frischen, klaren Wassers.

Franz und Margret waren seit vielen Jahren verheiratet. Eines Morgens wachten die beiden auf und schauten sich lange an. »Ich glaube«, sagte Margret, »wir haben die Liebe verloren.«

»Nun«, sagte Franz, »wenn wir sie verloren haben, dann müssen wir sie wieder finden.« »Meinst du?«, sagte Margret und schaute ihren Mann an. Es war, als sähe sie ihn mit ganz anderen Augen. War seine Nase schon immer so groß und die Falten um seine Augen, waren es immer schon so viele gewesen, und die grauen Schläfen, sie hatte sie noch gar nicht bemerkt. Eigentlich mochte sie keine grauen Haare.

Auch Franz schaute seine Margret an. »Na ja«, dachte er, »die beste Figur hat sie auch nicht mehr und ihre Augen, hatten die schon immer diese komische wasserblaue Farbe?«

»Komm«, sagte Franz, »lass uns aufbrechen, wir müssen die Liebe wieder finden.«

Franz und Margret machten sich auf den Weg, doch wo sie auch suchten, sie fanden die Liebe nicht. Aber die beiden gaben nicht auf. Zu kostbar ist die Liebe, um nicht um sie zu kämpfen. »Gut«, sagte Franz, »wenn wir uns trennen, sind die Aussichten größer, die Liebe zu finden. Du gehst in die eine Richtung und ich in die andere.« Sie machten einen Zeitpunkt aus, wo sie sich wieder treffen wollten.

Getrennt machten sie sich auf den Weg, die Liebe zu suchen. Franz war schon eine ganze Weile unterwegs, als er sich immer wieder dabei erwischte, dass seine Gedanken ständig um Margret kreisen. Er vermisste ihre Stimme, er fühlte sich, als wäre er halbiert. Margret war jemand, der ihm Sicherheit und Wärme gab. Sie war immer für ihn da. Und Margret, sie fühlte sich total verlassen; sie vermisste die Ruhe und Geborgenheit, die Franz ausstrahlte; auf ihn konnte sie immer bauen.

Beide aber gingen ihren Weg, immer bemüht, die Liebe wieder zu finden. So kam der Zeitpunkt näher, wo sich die beiden wieder sehen sollten.

Beide fieberten dem Augenblick entgegen, das Herz klopfte und im Hals saß ein großer Kloß. Sehnsucht trieb sie voran und Angst vor dem eigenen Ich ließ sie stocken. Aber dann war es so weit, endlich standen sich Margret und Franz gegenüber, sie schauten sich lange an.

Sieht er nicht interessant aus, dachte Margret, mit seinen silbergrauen Schläfen? Und die vielen kleinen Fältchen um seine Augen, zeugten die nicht davon, wie gern Franz lachte? Und seine große Nase – versprach sie nicht Stärke und Charakter?«

Und Franz, auch er schaute seiner Margret lange in die wunderbaren blauen Augen, die er jetzt wie zwei unergründliche Seen empfand. Und wie schön war ihre ausgeprägte frauliche Figur. Gemeinsam gingen sie Hand in Hand nach Hause.

Ach ja, ob sie die Liebe wieder gefunden haben? Ich glaube, sie war gar nicht verloren gegangen, vielleicht hatte sie sich nur hinter dem grauen Alltag versteckt, immer in der Hoffnung, nicht vergessen zu werden.

Ein Mädchen verirrt sich im Wald. Es wird dunkel und unheimlich. Furcht steigt in dem Mädchen auf. Verzweifelt sucht es den Weg nach Hause. Da kommt es an eine kleine Hütte. Aus einem Fenster leuchtet ein warmes Licht. Es läuft auf das Häuschen zu und klopft leise an die Tür.

Eine Stimme antwortet von drinnen: »Wer ist da?«

Das Mädchen antwortet: »Ich!«

Da entsteht ein großes Schweigen. Auch die Blätter des Waldes halten inne in ihrem Rauschen. Nur von innen ist ein leises Weinen zu hören.

Das Mädchen kauert sich vor die Tür. Es sinnt nach über das Wort, das es sagte und das zum Schweigen und Weinen führte: Ich.

Ganz langsam wächst in ihm die Erkenntnis, dass sich der Mensch verwandeln muss, wenn er in das Haus der Geborgenheit und Liebe, Wärme und Freude Einlass finden will.

Am Morgen geht es noch einmal an die Tür und klopft.

Wieder fragt von innen eine Stimme: »Wer ist da?«

Nun antwortet es: »Du!«

Da öffnet sich die Tür und das Mädchen darf eintreten in die warme, helle Stube voller Licht und Leben.

Ein altes Märchen erzählt, wie ein junger, wissbegieriger König die Gelehrten seines Landes beauftragte, für ihn alles Wissenswerte der Welt aufzuschreiben. Sie machten sich bald an die Arbeit. Nach vierzig Jahren legten sie das Ergebnis in tausend Bänden vor. Der König, der inzwischen schon sechzig Jahre alt geworden war, sagte: »Tausend Bücher kann ich nicht mehr lesen. Kürzt alles auf das Wesentliche.«

Nach zehn Jahren hatten die Gelehrten den Inhalt der Geschichte der Menschen in hundert Bänden zusammengefasst. Der König sagte: »Das ist noch zu viel. Ich bin schon siebzig Jahre alt. Schreibt nur das Wesentliche!«

Die Gelehrten machten sich erneut an die Arbeit und fassten das Wichtigste in einem einzigen Buch zusammen. Sie kamen damit, als der König schon im Sterben lag. Dieser wollte wenigstens noch das Wesentlichste aus der Arbeit der Gelehrten erfahren. Da fasste der Vorsitzende der Gelehrtenkommission das Wesentlichste der Geschichte der Menschheit in einem einzigen Satz zusammen: »Sie lebten, sie litten, sie starben. Und was zählt und überlebt, ist die Liebe.«

Was das Herz wärmt

Vom Schenken und Beschenkt-Werden und von der wahren Weihnachtsfreude

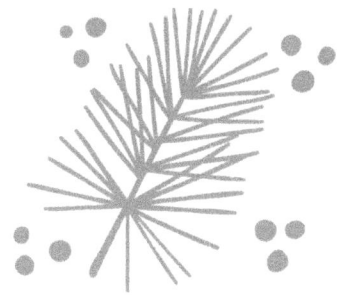

Auf einer Südsee-Insel lauschte ein Schüler aufmerksam seiner Lehrerin, die gerade erklärte: »Die Geschenke an Weihnachten sollen uns an die Liebe Gottes erinnern, der seinen Sohn zu uns auf die Erde gesandt hat, um uns zu erlösen, denn der Gottessohn ist das größte Geschenk für die ganze Menschheit. Mit den Geschenken zeigen die Menschen sich auch untereinander, dass sie sich lieben und in Frieden miteinander leben wollen.«

Am letzten Schultag vor Weihnachten schenkte der Junge seiner Lehrerin eine Muschel. Nie zuvor hatte sie etwas Schöneres gesehen, das vom Meer angespült worden war. »Wo hast du denn diese wunderschöne, kostbare Muschel gefunden?«, fragte sie ihren Schüler.

Der Junge erklärte, dass es nur eine Stelle auf der anderen Seite der Insel gäbe, an der man gelegentlich eine solche Muschel finden könne. Etwa zwanzig Kilometer entfernt sei eine kleine, versteckte Bucht; dort würden manchmal Muscheln dieser Art angespült.

»Sie ist einfach zauberhaft«, sagte die Lehrerin. »Ich werde sie mein Leben lang bewahren und sie wird mich immer an dich erinnern. Aber du sollst nicht so weit laufen, nur um mir ein Geschenk zu machen.«

»Aber«, erwiderte der Junge mit leuchtenden Augen, »der lange Weg ist ein Teil des Geschenks.«

DIE KLEINEN LEUTE VON SWABEEDO

Vor langer Zeit lebten in dem Ort Swabeedo kleine Leute. Sie wurden die Swabeedoler genannt. Sie waren sehr glücklich und liefen den ganzen Tag mit einem freudig-fröhlichen Lächeln umher. Wenn sie sich begrüßten, überreichten sie sich gegenseitig kleine, warme, weiche Pelzchen, von denen jeder immer genug hatte, weil er sie verschenkte und sofort wieder welche geschenkt bekam. Ein warmes Pelzchen zu verschenken, bedeutete für sie: Ich mag dich. So sagten sie sich, dass jeder jeden mochte. Und das machte sie den ganzen Tag froh.

Außerhalb des Dorfes lebte ein Kobold – ganz einsam in einer Höhle. Wenn ein Swabeedoler ihm ein Pelzchen schenken wollte, lehnte er es ab. Denn er fand es albern, sich Pelzchen zu schenken.

Eines Abends traf der Kobold einen Swabeedoler im Dorf, der ihn sofort ansprach: »War heute nicht ein schöner, sonniger Tag?« Und er reichte ihm ein besonders weiches Pelzchen. Der Kobold schaute ihm in den Rucksack mit den Pelzchen. Dann legte er ihm den Arm vertraulich um die Schulter und flüsterte ihm zu: »Nimm dich in Acht. Du hast nur noch 207 Pelzchen. Wenn du weiterhin so großzügig die Pelzchen verschenkst, hast du bald keine mehr.«

Das war natürlich vollkommen falsch gerechnet; denn ein Swabeedoler hatte, da jeder jedem welche schenkte, immer genug Pelzchen.

Doch kaum hatte der Kobold den verdutzten kleinen Mann stehen lassen, kam schon sein Freund vorbei und schenkte ihm ein Pelzchen. Doch der Beschenkte reagierte nicht wie bisher. Er packte das Pelzchen ein und sagte zu seinem Kollegen: »Lieber Freund, ich will dir einen Rat geben. Verschenke deine Pelzchen nicht so großzügig, sie könnten dir ausgehen.«

Bald gaben sich immer öfter Swabeedoler diesen Rat. So kam es, dass Pelzchen nur noch an allerbeste Freunde verschenkt wurden. Jeder hütete sein Pelzchenrucksack wie einen Schatz. Sie wurden zu Hause eingeschlossen, und wer so leichtsinnig war, damit über die Straße zu gehen, musste damit rechnen, überfallen und beraubt zu werden.

Die kleinen Leute von Swabeedo veränderten sich immer mehr. Sie lächelten nicht mehr und begrüßten sich kaum noch. Keine Freude kam mehr in ihr trauriges und misstrauisches Herz.

Erst nach langer Zeit begannen einige kleine Leute wieder wie früher kleine warme, weiche Pelzchen zu schenken.

Sie merkten bald, dass ihnen die Pelzchen nicht ausgingen und dass sich Beschenkte und Schenkende darüber freuten. In ihren Herzen wurde es wieder warm, und sie konnten wieder lächeln, auch wenn die Traurigkeit und das Misstrauen nie mehr ganz aus ihren Herzen verschwanden.

Sascha war ein kleiner Zigeunerjunge und lebte in einem alten Planwagen am Rande eines großen Königreiches, genannt Monotonia.

Um sich dieses Königreich vorzustellen, muss man eigentlich alle Vorstellungen ablegen. Da gab es weder Farben noch Bilder, weder Töne noch Melodien, weder Lachen noch Weinen. Die letzten Bäume waren dem Asphalt gewichen und auch die bunten Blumen waren abgeschafft worden. Selbst dem Menschen war es das Wichtigste, genauso zu sein wie alle anderen Menschen auch. Einzigartigkeit, Unverwechselbarkeit und Originalität zählten nicht mehr viel. Das Einzige, was noch ein wenig Farbe in diese Welt brachte, war das Make-up, hinter dem manche Menschen ihr wahres Gesicht wie hinter einer Maske verbargen. Kurzum: Es schien, als ob in Monotonia das Leben ausgezogen sei, als ob hinter den großartigen Fassaden der Häuser und hinter den Gesichtern der Menschen nur noch Leere verborgen wäre und als ob die Menschen ihre Träume verloren hätten.

»Wenn ich nur ein Erfinder wäre«, träumte Sascha, »wie bunt und abwechslungsreich, wie lebendig und glücklich könnte die Welt sein!« Aber er war kein Erfinder und beim besten Willen hatte er keine Idee, wie er allein Monotonia verändern könnte. So machte er sich eines Tages auf eine große Wanderschaft, um das richtige Leben zu suchen und um herauszufinden, ob es nicht ein Plätzchen auf der Welt gäbe, das anders sei.

Lange wanderte er durch das Land und sah viele Städte und Dörfer, aber überall traf er auf die gleiche Einförmigkeit. Monotonia schien groß zu sein. Erst als Sascha sich ein Herz fasste und die Grenze der Alltäglichkeit überschritt, traf er in einem Wald auf ein altes Mütterchen, das ganz anders war als all jene Menschen, denen er bislang begegnet war. Das Mütterchen hatte gute, wissende Augen, die voller Träume und Sehnsüchte steckten und eine tiefe, ansteckende Lebendigkeit ausstrahlten. Traurig und mutlos erzählte Sascha ihr von dem faden Leben im Königreich und von seinem alten Planwagen.

Als er seine Geschichte beendet hatte, funkelten Freudentränen in den Augen der alten Frau. Wortlos nahm sie Sascha bei der Hand und führte ihn zu ihrer Holzhütte, die tief im Wald verborgen lag. Im Dämmerlicht erkannte Sascha einen großen Webstuhl, der den ganzen Raum ausfüllte. Die Frau zündete ein Licht an und Sascha war wie geblendet vom Leuchten der schönsten Farben, die er je gesehen hatte. Dieses Leuchten kam von einem wunderschönen Teppich, der in den Webstuhl eingespannt war. Der Teppich bestand aus unendlich vielen kleinen Mustern und Bildern in den herrlichsten, lebendigsten Farbtönen. Sascha war in andächtiges Staunen versunken, als die Stimme des Mütterchens ihn aus dieser bunten Welt herausrief.

»Das ist das Bild eines erfüllten Lebens«, sagte sie. »So wie dieser Teppich aus vielen bunten Fäden gewebt ist, so weben auch wir an unserem Leben. Jede Stunde unseres Lebens ist wie ein bunter Faden. Jedes kleine Lachen, jedes gute Wort und jede fantasievolle Aufmerksamkeit machen mein Leben farbig, einzigartig und unwiederbringlich. Ein Leben, das aus solchen Fäden gewoben ist, erhält die nur ihm eigenen Farben und ein ganz eigenes Muster.«

Nachdem die alte Frau eine Weile geschwiegen hatte, nahm sie einen Zopf vom Webstuhl, der aus zahlreichen bunten Fäden geflochten war.

»Denke immer daran, der Mensch sollte das gefühlvollste Wesen auf der Welt sein!«, sagte sie zu Sascha und schenkte ihm den Zopf.

Sascha kehrte nach Monotonia zurück und begann mit den bunten Fäden gegen Langeweile und Gleichförmigkeit anzukämpfen. Bei allen möglichen Gelegenheiten verschenkte er einen Faden wie eine Stunde seines Lebens mit einem guten Wort, mit Lachen, Weinen oder einer Hilfe – so, wie es gerade nötig war und wie es den Menschen guttat.

Die Fäden aber wurden nicht weniger. Jeder verschenkte Faden verdoppelte sich. Wurden diese dann weitergegeben, so vervierfachten sie sich. Und so ging es in einem fort. Die Menschen spürten, dass sie immer wieder dann von Einförmigkeit befallen wurden, wenn sie ihr Leben für sich behielten.

»Jedes eingesperrte bisschen Leben, und wenn es nur eine Minute, ein Atemzug oder ein Augenblick ist, stirbt auf der Stelle und ist für immer verloren«, sagten sie zueinander. »Nur dort, wo man sein Leben mit anderen teilt und an sie verschenkt, wird es wirklich lebendig.«

Eines Tages kommt ein Landwirt, den der Bruder Pförtner gut kennt. In der Hand hat er eine große Weintraube
mit herrlich gelben, saftigen Beeren.

»Bruder Pförtner, ich habe die schönste Weintraube aus
meinem Weinberg mitgebracht. Raten Sie mal, wem ich
damit eine Freude machen will?«

Der Bruder überlegt. »Wahrscheinlich dem Abt oder
sonst einem Pater, ich weiß es nicht.«

»Ihnen!« –

»Mir?« Der Bruder wird ganz rot vor Freude. »Mir? Sie haben an mich gedacht?« Er findet kaum Worte.

»Ach ja«, sagt der Bauer glücklich, »wir sprechen so oft
miteinander, und ich brauche so oft Ihre Hilfe, warum
soll ich Ihnen nicht mal eine Freude machen?« Und die
Freude, die er im Gesicht des anderen sieht, macht ihn
selbst innerlich froh.

Der Bruder Pförtner legt die Weintraube vor sich hin und
schaut sie an. Ach, die ist viel zu schön, um etwas davon
abzupflücken. Den ganzen Nachmittag erfreut er sich an
ihrem Anblick.

Dann hat er eine Idee: »Wenn ich die jetzt unserem Vater
Abt schenke, was für eine Freude wird der haben!« Und
der Bruder gibt die Traube weiter.

Der Abt freut sich wirklich. Und als er abends einen kranken Pater in seinem Zimmer besuchen will, da kommt
ihm der Gedanke: »Den kannst du sicher mit dieser
Traube froh machen.«

So wandert die Traube weiter.

Und sie bleibt nicht bei dem Kranken. Sie wandert immer weiter.

Schließlich bringt sie ein Mönch wieder zum Bruder Pförtner, um ihm eine Freude zu machen. Er wusste natürlich nicht, dass die Weintraube von ihm ausgegangen war.

So hatte sich der Kreis geschlossen. Ein Kreis der Freude.

42
ALLE GEBEN EINEN FADEN

In einem Dorf, so erzählt eine alte Geschichte, wohnten sehr arme Menschen. Sie hatten oft nicht das Nötigste, um leben zu können.

Als es wieder einmal Winter wurde, klagte ein alter Mann über die Kälte. Alle wussten, dass dieser Mann schon lange keine Jacke mehr besaß. Doch niemand konnte ihm eine geben.

Da hatte eine Frau eine Idee:

Jeder im Dorf solle ihr einen Faden bringen, damit sie dem alten Mann eine Jacke stricken könne. Damit sie aber nicht zu viele verschiedene Farben zusammenbekomme, möge jeder seinen Faden im Saft der Roten Beete, dem Hauptnahrungsmittel des Dorfes, tränken. Alle machten mit.

Und noch vor Beginn des Winters hatte der alte Mann eine Jacke. Sein Leben hatte eine neue Qualität bekommen.

DAS MÄRCHEN VOM REICHEN PRINZEN
UND DER SCHWALBE

Es stand einmal in einer Stadt das Denkmal eines reichen Prinzen. Es war über und über mit Goldplättchen belegt, seine Augen waren zwei herrliche, große Saphire, und an seinem Schild glänzte ein roter Rubin.

Eine kleine Schwalbe, auf dem Flug ins warme Ägypten, wollte auf der Schulter des Prinzen übernachten. Plötzlich fielen Wassertropfen auf ihr Gefieder. »Wieso«, dachte die Schwalbe, »es ist doch kein Wölkchen am Himmel zu sehen?« Sie schaute sich gründlich um und sah, dass der Prinz weinte! »Warum weinst du, lieber Prinz? Ich denke, du bist reich und glücklich.« – »Ach, kleine Schwalbe«, antwortete der Prinz, »seitdem ich hier oben über der Stadt stehe, kann ich bis in die letzten Winkel sehen und bin sehr traurig über so viel Not und Elend. Würdest du mir bitte helfen, liebe Schwalbe, nur diese eine Nacht? Ich stehe doch hier so fest und kann mich nicht bewegen.« Die Schwalbe hatte ein gutes Herz: »Aber nur die eine Nacht, schöner Prinz, denn ich habe wenig Zeit, sonst holt mich die Kälte ein!« Froh sagte der Prinz: »Danke. Picke aus meinem Schild den roten Rubin und bringe ihn der Mutter mit ihrem kranken Kind in diese Stube da ganz hinten!« Und die Schwalbe pickte und pickte, nahm schließlich den Edelstein in den Schnabel, flog durch das offene Fenster und legte ihn der Mutter, die vor Müdigkeit eingeschlafen war, in den Schoß.

Am nächsten Tag wollte die Schwalbe weiterfliegen. Aber der Prinz bat inständig: »Bitte, bleibe noch eine Nacht! Da ist ein alter Mann, fast steif vor Kälte. Bringe ihm meinen kostbaren blauen Saphir! Picke mir das Auge aus!« – »Nein, lieber Prinz, ich kann dir doch nicht das Auge auspicken!« – »Bitte, tu, was ich dir sage!« Und die Schwalbe pickte und pickte, löste den Saphir und brachte ihn dem armen Mann.

Am dritten Abend bat der Prinz: »Liebe Schwalbe, bitte, bleibe nur noch eine Nacht. Da ist eine Familie aus einem fernen Land gekommen. Nimm noch mein zweites Auge; damit können sie eine Wohnung mieten.« Aber die Schwalbe wollte nicht: »Dann bist du doch blind!« Der Prinz antwortete: »Ich werde dann mit meinem Herzen sehen!« Und schließlich pickte und pickte die Schwalbe so lange, bis sie das zweite Auge der fremden Familie bringen konnte. Als sie zurückkehrte, sagte sie zum Prinzen: »Jetzt will ich nicht mehr nach Ägypten fliegen. Ich bleibe bei dir. Du kannst ja nicht mehr sehen.«

Am Tage flog die Schwalbe nun umher und sah nach, wo die Not am größten war. Sie erzählte davon dem Prinzen, und nun sollte sie immer wieder ein Goldplättchen herauspicken, um das Elend zu lindern. Je armseliger der Prinz ausschaute, umso glücklicher wurde er. Auch die Schwalbe hatte große Freude im Herzen.

Dann kam die Kälte, und sie spürte, dass sie sterben würde. »Lieber Prinz«, flüsterte sie, »ich muss jetzt von dir gehen!« – »Ja, gutes Schwälbchen, fliege jetzt nach Ägypten!« – »Nein, das schaffe ich jetzt nicht mehr«, waren ihre letzten Worte. Und sie fiel tot vor seine Füße.

Weil das Denkmal des Prinzen gar nicht mehr schön aussah, wurde es fortgeschafft und eingeschmolzen. Nur das Herz des Prinzen ließ sich nicht schmelzen. Da warfen die Leute es auf einen Abfallhaufen, gerade neben die tote Schwalbe.

»Bring mir die beiden kostbarsten Dinge dieser Stadt«, sagte Gott zu einem seiner Engel. Und der Engel brachte Gott das Herz des Prinzen und die tote Schwalbe. »Du hast richtig gewählt«, sagte Gott, »in meinem Reich werden die mir am nächsten sein, die alles verschenkt haben.«

44
DIE STERNTALER

Es war einmal ein kleines Mädchen, dem waren Vater und Mutter gestorben, und es war so arm, dass es kein Zimmer mehr hatte, darin zu wohnen, und kein Bett mehr, darin zu schlafen, und endlich gar nichts mehr als die Kleider auf dem Leib und ein Stück Brot in der Hand, das ihm ein mitleidiger Mensch geschenkt hatte. Es war aber gut und fromm. Und weil es von aller Welt verlassen war, ging es im Vertrauen auf Gott hinaus.

Da begegnete ihm ein armer Mann, der sprach: »Ach, gib mir etwas zu essen, ich bin so hungrig.« Das Mädchen reichte ihm das ganze Stück Brot und sagte: »Gott segne dir's«, und ging weiter.

Da kam ein Kind, das jammerte und sprach: »Es friert mich so an meinem Kopfe, schenk mir etwas, womit ich ihn bedecken kann.« Da nahm das Mädchen seine Mütze ab und gab sie ihm.

Und als das Mädchen noch eine Weile gegangen war, kam wieder ein Kind und hatte keinen Pullover an und fror: Da gab es ihm seinen; und noch weiter, da bat ein Kind um einen Rock, den gab es auch von sich hin.

Endlich gelangte das Mädchen in einen Wald, und es war schon dunkel geworden. Da kam noch ein Kind und bat um ein Hemd, und das Mädchen dachte: Es ist dunkle Nacht, da sieht dich niemand, da kannst du wohl dein Hemd weggeben, und es zog das Hemd aus und gab es auch noch hin.

Und wie das Mädchen so stand und gar nichts mehr hatte, fielen auf einmal die Sterne vom Himmel und waren lauter silberne harte Taler: Und obgleich das Mädchen sein Hemd weggegeben hatte, so hatte es jetzt ein neues an, und das war vom allerfeinsten Linnen. Da sammelte es die Taler hinein und war reich für sein Lebtag.

45

DAS GESCHENK

Ein Dollar und 87 Cent, davon 60 Cent in Pennystücken. Alles mühsam zusammengespart. Das war ihr ganzes Vermögen am Heiligen Abend. Wie sollte sie davon ein Geschenk für ihren Mann kaufen?

Sie legte sich aufs Sofa und weinte. Dann stand sie auf und tröstete ihr verweintes Gesicht mit der Puderquaste. Und da vor dem Spiegel kam ihr die Idee: Es gab in der Familie zwei Dinge, die ihr ganzer Stolz waren: seine goldene Uhr und ihr wunderschönes, langes, wallendes Haar.

»Ich verkaufe meine Haare«, sagte sie sich, »dann habe ich Geld, um ihm ein Weihnachtsgeschenk kaufen zu können.«

Gesagt, getan. Sie fand ein Geschäft, das Haar aufkaufte. Zwanzig Dollar bekam sie für ihre Haare. In den Restbestand brannte sie sich später zu Hause ein paar Löckchen.

Für das so erworbene Geld kaufte sie ihm eine ganz wertvolle Uhrkette. Endlich sollte er seine Uhr auch öffentlich zeigen können. Bisher versteckte er sie immer verschämt wegen des schäbigen Uhrbandes.

Dann wird es Spätnachmittag. Er kommt nach Hause. Als er seine Frau mit ihren kurzen Haaren sieht, erbleicht er! Sie fällt ihm um den Hals: »Sie wachsen schon wieder nach! Und so sind sie doch auch ganz schön!«

Aber sie deutet sein Erbleichen falsch. Nicht weil er sie so nicht leiden mochte, erbleicht er, sondern wegen des Weihnachtsgeschenkes, das er für sie gekauft hat: Es sind die vielen kleinen Kämme und Spangen, vor denen sie schon so oft geträumt hat, als sie noch im Schaufenster des Friseurs lagen. Sie passten so gut zu ihren schönen langen Haaren. Und nun sind sie kurz, die Haare!

Noch einmal tröstet sie ihren Mann: »Sie wachsen ganz schnell wieder nach!« Und dann erzählt sie ihm, warum ihre Haare kurz sind: »Ich habe meine Haare verkauft, um dir ein Weihnachtsgeschenk machen zu können!« Und sie reicht ihm das Päckchen.

Er öffnet es, sieht die wertvolle Uhrkette – und muss lächeln. Er sagt: »Wir wollen unsere Weihnachtsgeschenke noch für einige Zeit aufbewahren. Sie sind zu schön, als dass wir sie jetzt gebrauchen könnten!«

Und dann erzählt er ihr, dass er seine goldene Uhr versetzt hat, um ihr das erträumte Geschenk zu machen.

Ein kleiner Junge ist stolz darauf, einen Großvater zu haben, der Figuren schnitzen kann. Es ist schon faszinierend zuzusehen, wie langsam aus einem Stück Holz »lebendige« Gestalten entstehen. Der Junge vertieft sich so in die geschnitzten Krippenfiguren, dass sich seine Gedanken mit der Welt der Figuren vermischen: Er geht mit den Hirten und Königen in den Stall und steht plötzlich vor dem Kind in der Krippe.

Da bemerkt er: Seine Hände sind leer! Alle haben etwas mitgebracht, nur er nicht. Aufgeregt sagt er schnell: »Ich verspreche dir das Schönste, was ich habe! Ich schenke dir mein neues Fahrrad – nein, meine elektrische Eisenbahn.«

Das Kind in der Krippe schüttelt lächelnd den Kopf und sagt: »Ich möchte aber gar nicht deine elektrische Eisenbahn. Schenke mir deinen – letzten Aufsatz!«

»Meinen letzten Aufsatz?«, stammelt der Junge ganz erschrocken, »aber da steht doch ..., da steht ›ungenügend‹ drunter!«

»Genau deshalb will ich ihn haben«, antwortet das Jesuskind. »Du sollst mir immer das geben, was ›nicht genügend‹ ist. Dafür bin ich in die Welt gekommen!«

»Und dann möchte ich noch etwas von dir«, fährt das Kind in der Krippe fort, »ich möchte deinen Milchbecher!«

Jetzt wird der kleine Junge traurig: »Meinen Milchbecher? – Aber der ist mir doch zerbrochen!«

»Eben deshalb will ich ihn haben«, sagt das Jesuskind liebevoll, »du kannst mir alles bringen, was in deinem Leben zerbricht. Ich will es heil machen!«

»Und noch ein Drittes möchte ich von dir«, hört der kleine Junge wieder die Stimme des Kindes in der Krippe, »ich möchte von dir noch die Antwort haben, die du deiner Mutter gegeben hast, als sie dich fragte, wieso denn der Milchbecher zerbrechen konnte.«

Da weint der Junge. Schluchzend gesteht er: »Aber da habe ich doch gelogen. Ich habe der Mutter gesagt: ›Der Milchbecher ist mir ohne Absicht hingefallen.‹ Aber in Wirklichkeit habe ich ihn ja vor Wut auf die Erde geworfen.«

»Deshalb möchte ich die Antwort haben«, sagt das Jesuskind bestimmt, »bring mir immer alles, was in deinem Leben böse ist, verlogen, trotzig und gemein. Dafür bin ich in die Welt gekommen, um dir zu verzeihen, um dich an die Hand zu nehmen und dir den Weg zu zeigen …«

Und das Jesuskind lächelt den Jungen wieder an. Und der schaut und hört und staunt …

47
DAS BESONDERE GESCHENK

Es war bitterkalt. Die Hirten wärmten sich am Feuer. Die Nachricht vom neugeborenen König beschäftigt sie. Sie möchten ihn sehen, von dem sie Rettung und Frieden erwarten. Auch der kleine Hirte Philipp tritt näher und hört zu. Sie überlegen, was sie dem Kind in Betlehem schenken können.

Aber wer bleibt bei den Schafen? Die können sie doch nicht alleine lassen! Da kommt einer der Hirten auf die Idee: Der muss dableiben, dessen Geschenk am leichtesten ist.

Sie stellen eine Waage bereit.

Einer bringt einen Krug mit Milch und legt noch einen Käse dazu. Ein anderer bringt einen Korb mit duftenden Äpfeln. Der Dritte schleppt ein Bündel Holz herbei, damit sich alle im Stall wärmen können. Bleibt nur noch der kleine Philipp übrig.

Philipp hat nur eine Laterne mit einem winzigen Licht. Das wiegt nicht viel. Er überlegt. Dann aber steigt er mit der Laterne in der Hand auf die Waage und sagt: »Ich komme als Geschenk hinzu! Der neugeborene König wird vor allem welche brauchen, die sein Licht weitertragen.«

Es wird still ums Feuer. Die Hirten schauen nachdenklich auf den kleinen Philipp. Sie denken über seine Worte nach. Sie spüren: Der darf auf keinen Fall zurückbleiben.

48
JAKOB MALT EIN WEIHNACHTSBILD

Jakob zeichnet und malt für Weihnachten. Tante Helli wünscht sich ein Kripperl mit Jesuskind, Esel und Ochs. Onkel Fritz wünscht sich Hirten auf dem Weg nach Betlehem. Die Omama hätte gern einen Engel, der freundlich dreinschaut und »Fürchtet euch nicht!« sagt.

Jakob zeichnet eine Sprechblase vor den Mund des Engels und schreibt »Fürchtet euch nicht!« hinein. Dann sagt er zu Katharina: »Jetzt hab ich für jeden ein schönes

Geschenk!« »Nur für das Geburtstagskind noch nichts!«, sagt Katharina. »Für Jesus. Er hat zu Weihnachten Geburtstag. Eigentlich müsste man ihm etwas schenken!«

»Meinst du, er hätte Freude an einem Bild?«, fragt Jakob. »Wenn es sehr schön und bunt ist – warum nicht?«, fragt Katharina.

Jakob nimmt ein neues Zeichenblatt. Er zeichnet einen Christbaum mit vielen Kerzen und Kugeln und Zuckerln in Fransenpapier. »Ich helf dir«, sagt Katharina. Sie malt Tupfen und Sterne auf die Kugeln und um jede Kerze einen gelben Schein. »So«, sagt sie. »Jetzt bring ihm das Geschenk! Bring's ihm in die Kirche!«

Jakob geht zur Kirche, aber das Tor ist verschlossen. Jakob steht auf der Straße und überlegt, was er tun soll. Das Christbaumbild flattert im Wind. Jakob muss es mit beiden Händen halten. Eine alte Frau bleibt neben ihm stehen. »So eine lustige, bunte Zeichnung«, sagt sie. »Das ist wohl ein Weihnachtsgeschenk?«

»Ja«, sagt Jakob. Und dann hält er der alten Frau die Zeichnung hin. »Ich schenk sie Ihnen!«

»Nein, so etwas!«, ruft die alte Frau. »So eine Überraschung ... danke ...«

Jakob rennt nach Hause. Katharina wartet schon auf ihn. »Na?«, fragt Katharina. »Der Christbaum hat Jesus sehr gut gefallen«, sagt Jakob. »Weißt du das bestimmt?«, fragt Katharina. »Ja«, sagt Jakob. »Er hat mir's ausrichten lassen!«

Wo Engelsflügel die Seele berühren

Von kleinen und großen Engeln – mit und ohne Flügel

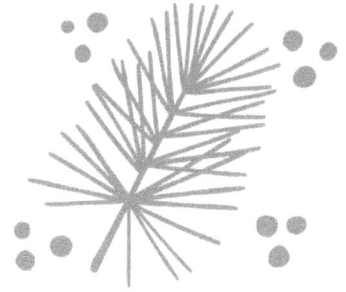

Der kleine Engel Benjamin faltet artig seine Flügel zusammen. Er pocht vorsichtig ans Wolkentor des großen Engels Gabriel. Streng schaut ihm Gabriel entgegen.

»Hast du endlich deinen Auftrag erfüllt?«, fragt er und zieht die Augenbrauen hoch. »Sind alle Tiere da unten in dem ärmlichen Stall auf das große Fest vorbereitet?«

»Ich hab getan, was ich konnte« flüstert der kleine Engel. »Die munteren Vögel werden ihre Schnäbel nicht zu weit aufsperren, sondern ein leises, sanftes Schlaflied für das Kind zwitschern. Die große Eule wird das Kind nicht erschrecken mit ihren dunklen Flügeln, sondern sich brav auf den Dachbalken setzen und die Nacht mit ihren glühenden Augen ein bisschen heller machen. Die Putzengel haben die frechen Fliegen und Flöhe schon herausgewedelt. Die Schlange hat strengstes Einschleichverbot. Auf die vorwitzigen Mäuse passen die schlauen Dorfkater Mausi und Peter auf. Sie wissen ganz genau: Krallen zeigen – aber Fressverbot!

Nur Ochs und Esel machen mir Sorgen. Dieser einfältige Ochse ist ein missmutiger, langweiliger, dummer Geselle. Er wedelt mir mit seinem eklig schmutzigen Schwanz vor der Nase herum, dass mir ganz schlecht wird. Dann drückt er seinen mächtigen Körper und den Kopf an die Stallwand, dass sich die Balken biegen. Dazu schnaubt er ganz widerlich, dass der Staub aufwirbelt. An dem haben wir keine Hilfe. Und der Esel ist noch schlimmer! Er ist aufsässig und störrisch. Er besteht darauf, dass er nach der schweren Arbeit am Tag wenigstens in der Nacht in Ruhe fressen kann. Der lässt nicht den kleinsten Strohhalm in der Krippe. Und er geht bestimmt nicht vor die Tür, um seine Notdurft zu verrichten. Der Ochse übrigens auch nicht.«

»Na, das kann ja heiter werden!«, meint Gabriel. »Was sollen wir machen?«

»Ich glaube«, wagt der kleine Engel Benjamin schüchtern zu bemerken, »wenn Gott selber auf die Erde kommen will, wird er auch die störrischen Menschen und Tiere, sogar Ochs und Esel, zur Vernunft bringen.«

»Warten wir's ab!«, sagt Gabriel und faltet die Engelshände zu einem dringenden Stoßgebet. – Und dann geschieht wirklich das Wunder:

Die erschöpfte Maria, der müde aussehende Josef und das zitternde hilflose Kind rühren das Herz von Ochs und Esel und sie treten zur Seite, hauchen ihren Atem vorsichtig über die Krippe, holen immer wieder ein Maul voll frisches Stroh herbei, treten vor die Tür, wenn es sein muss, wedeln die neugierigen Mücken und Fliegen fort, die sich immer wieder hineinwagen – kurz: Sie empfangen das Kind mit aller Liebe und Sorgfalt, deren das Herz eines Ochsen und Esels fähig ist.

»Die Menschen können sich an den Tieren ein Beispiel nehmen«, denkt der kleine Engel Benjamin gerührt.

50

DER ENGEL OHNE FLÜGEL

Als sich die Engel zum gemeinsamen Flug nach Betlehem sammelten, war einer besonders traurig, weil er seine Flügel verloren hatte. Der Kummer hatte sein Herz ergriffen, ob er den weiten Weg schaffen würde, und während er diese Gedanken hegte, waren sie unmerklich abgefallen.

Da tröstete ihn der Weihnachtsengel und sagte: »Komm! Geh deinen Weg mit kleinen Schritten und auch du wirst das Ziel erreichen!«

Der Engel tat, wie es ihm geheißen war. Der Weg erschien ihm lang und beschwerlich. Aber er erlebte auf dem Weg auch viel Schönes, begegnete vielen Menschen und sah kleine bezaubernde Dinge, die er beim Überfliegen gar nicht bemerkt hätte.

Als er schließlich in Betlehem ankam, war er zu seinem Erstaunen nicht der Letzte, weil manche Engel, die mit Lichtgeschwindigkeit losgebraust waren, in ihrem Übermut über den armen Stall hinweggesaust waren. So verneigte er sich mit dankbarem und frohem Herzen vor dem Kind in der Krippe. Da fühlte er plötzlich wieder seine Flügel und wusste: Mit der Freude über das Kind im Herzen würde er jetzt leichter alle Hindernisse nehmen können.

51 DER ENGEL MIT DEN LEEREN HÄNDEN

Im Himmel lebte ein kleiner Engel, der oft einfach übersehen wurde, weil er nicht sehr musikalisch war und auch nicht gut malen konnte. Das machte ihn manchmal traurig.

Eines Tages herrschte auf einmal große Aufregung im Himmel, weil der Erzengel Gabriel allen aufgetragen hatte, sich für die Geburt des göttlichen Kindes eine Überraschung auszudenken. Alle malten, bastelten und backten schöne Sachen; nur dem kleinen Engel fiel nichts ein.

Dann kam die Heilige Nacht. Alle Engel drängten sich mit ihren schönen Geschenken um das Jesuskind. Nur der kleine Engel dachte verzagt: Am besten ist, ich verstecke mich, weil ich doch mit leeren Händen dastehe.

Das Kind in der Krippe beachtete kaum die schönen Geschenke der großen Engelschar; es schaute lieber den kleinen Engel an, der mit Tränen in den Augen an der Tür stand. Das gab ihm Mut, näherzutreten: Ganz vorsichtig streichelte er die Decke, in die Maria das Kind eingehüllt hatte. Da lächelte das Gotteskind den kleinen Engel an. Sofort stieg dem Engel eine solche Liebe ins Herz, dass er eine Hand erhob und das Kind segnete.

Da wusste der kleine Engel, dass er doch etwas mit seinen ungeschickten Händen tun konnte: streicheln und segnen.

52
DER ROTE MOHN

Ein kleiner Engel träumte im Himmel in den Tagen der Weihnacht davon, ganz zu den Menschen auf die Erde zu schweben. Im Traum hatte er eine Mohnblüte gesehen und war von dem Rot so begeistert, dass er vor Gottes Angesicht trat und bat: »Lass mich bitte ein Mensch unter Menschen werden.«

Da trat ein weiser Engel hinzu und flüsterte: »Weißt du auch, dass es auf der Erde nicht nur Blumen gibt, sondern auch Stürme und Unwetter?«

»Ha«, erwiderte der kleine Engel, »aber ich sah einen starken Menschen, der spannte einen großen Schirm auf, sodass zwei Menschen darunter geschützt werden.« Da lächelte Gott dem kleinen Engel zu.

Es vergingen nicht viele Tage, und der kleine Engel trat wieder vor Gott und bat: »Lass mich doch bitte zu den Menschen hinunter!«

Da trat der weise Engel wieder näher und flüsterte: »Da unten gibt es auch bitteren Frost und gefährliches Glatteis!«

»Ja«, erwiderte der kleine Engel, »aber ich sah Menschen, die teilten ihre warmen Mäntel und gingen bei Glatteis Arm in Arm!« Da lächelte Gott wieder dem kleinen Engel zu.

Und er versuchte es zum dritten Mal: »Lass mich doch bitte!«

Aber der weise Engel sagte mit ernster Stimme: »Da unten gibt es auch Tränen und Wut und vor allem: den Tod!«

Doch der kleine Engel erwiderte mit fester Stimme: »Ich sah einen Menschen, der trocknete einem anderen die Tränen, ein anderer reichte die Hand, um sich zu versöhnen, und wieder einer wachte bis zuletzt bei einem, der im Sterben lag. So möchte ich auch werden.«

Da trat der weise Engel zurück. Gott segnete den kleinen Engel für die lange Reise und schenkte ihm viel Licht ins Herz.

Doch bevor er zur Erde fliegen wollte, trat der weise Engel noch einmal vor, nahm ihm einen Flügel ab und machte den anderen unsichtbar. Da sagte der kleine Engel empört: »Und wie soll ich mich ohne Flügel hinabschwingen und wieder zurückfinden?«

»Das herauszufinden, wird deine Lebensaufgabe sein!«, entgegnete der weise Engel.

Das Licht im Herzen des kleinen Engels, der jetzt nur mit *einem* unsichtbaren Flügel unterwegs war, hatte es schwer gegen all die Mühsal und Dunkelheit, die auf ihn warteten.

Nach einigen Jahren musste er feststellen: Seine Kräfte reichten nicht aus, und viele Aufgaben vermochte er nicht zu lösen. Aber seine Liebe zu den roten Mohnblumen war geblieben! Er sehnte sich immer nach ihnen.

Eines Tages setzte er sich in ein Feld voller roter Mohnblüten. Am liebsten hätte er jedem Menschen eine als Zeichen der Liebe geschenkt. Ein müder Wanderer, der vorüberging und mit ihm ins Gespräch kam, sagte: »Weißt du denn nicht, wie schnell Mohnblumen verwelken?«

Da wehrte sich der kleine Engel: »Aber sie sind doch wie die Liebe. Auch wenn das Äußere verwelkt, ihr Rot bleibt in der Seele!«

Sie schauten sich dabei ins Gesicht, entdeckten noch einen Funken Himmelslicht in ihren Augen und sahen plötzlich an jedem *einen* Flügel. Da umarmten sie sich. Und dann geschah das Wunder: Sie konnten fliegen. Sie merkten: Wenn jeder nur noch *einen* Flügel hat, dann müssen sie sich umarmen, um fliegen zu können.

Da hörte der kleine Engel die Stimme Gottes: »Du hast deine Lebensaufgabe erfüllt. Dein Mohn blüht jetzt im Himmel. Komm heim!«

Der Himmel hatte lange zugesehen, doch nun schickte er zeitig drei Engel auf die Erde, um alles zu entfernen, was in den Wochen vor Weihnachten und besonders im Advent den Blick auf die Geburt des Christkindes verstellen könnte.

Die Engel begannen schon im September und räumten den Spekulatius aus den Regalen; im Oktober die Schoko-Nikoläuse. Mitte November verschwanden die Lichterketten aus den Vorgärten und die Lichterbögen aus den Wohnungsfenstern. Für die Werbe-Weihnachtsmänner waren plötzlich keine Kostüme mehr da. Ein gezielter Kurzschluss ließ die illuminierten Weihnachtsbäume Ende November erlöschen, ebenso die Lichterketten mit den Rentier-Schlitten. Auch die mancherorts an den Fassaden hochkletternden Weihnachtsmänner lagen plötzlich im Dunkeln.

Aus den Adventskalendern der Kinder fielen die Schokoriegel heraus. Und im Fernsehen wies ein Moderator darauf hin, dass der Advent in früherer Zeit eigentlich ein Fastenmonat war.

Es würde still im Land, wenn auch noch das endlose Getöne der herzerwärmenden Weihnachtslieder in den Kaufhäusern unterbliebe. Wir könnten das alte Weihnachtsfest neu feiern: mit Blick auf das Kind in der Krippe, das uns so viel zu sagen hat.

Es gibt verschiedene Versionen von dem, was sich am ersten Weihnachtstag im Ersten Weltkrieg bei Ypern an der Nordsee abspielte, eine davon ist:

Die Front der kämpfenden Deutschen und Engländer war bei Ypern nur 25 Meter auseinander. Von den deutschen Linien kamen die Klänge »Stille Nacht, Heilige Nacht.« Am Ende riefen die deutschen Soldaten: »Komm, Tommy, jetzt bist du dran!«, und die Briten antworteten mit ihren Weihnachtsliedern.

So gingen die Lieder hin und her, bis eine deutsche Stimme wieder rief: »Komm, Tommy, steh auf!« Aber kein Brite wagte es, sich zu erheben, weil überall Scharfschützen lauerten.

Bis die britischen Soldaten plötzlich die Umrisse eines Deutschen vor dem eisigen Winterhimmel bemerkten. Er schwenkte einen Weihnachtsbaum und sang »Stille Nacht«. Misstrauisch – eine Falle? – und mit verständlicher Vorsicht krochen jetzt die Soldaten beider Seiten aus ihren Gräben.

Der bunte Haufen von Feinden versammelte sich mitten in einem Granattrichter. Fotos wurden gemacht, selbst in den schnauzbärtigen Gesichtern strenger Offiziere sah man hier und dort ein Lächeln. Der unheimliche Waffenstillstand weitete sich ungefähr auf zwei Meilen entlang der Front aus. Es fand sogar ein Fußballspiel statt, in dem die Sachsen die Angelsachsen 3:2 schlugen. In einzelnen Abschnitten dauerte der Waffenstillstand bis zum neuen Jahr. – Nur die Oberkommandos reagierten wütend. Jegliche weitere Verbrüderungen wurden untersagt.

Leon mag Weihnachten nicht. Kein Bock auf kitschige Lieder und Gefühlsduselei. Schon der Advent geht ihm gehörig auf den Wecker. Mit seinen 16 Jahren hat er wenig übrig für Weihnachtsbeleuchtung und goldene Engel in den Schaufenstern. Fromm zugetextet werden mag er erst recht nicht. Nur dem Glühwein kann er etwas abgewinnen. Mit seinen Kumpels um ein Blechfass stehen, aus dem die Flammen eines kleinen Feuers lodern, zusätzlich die Hände an der heißen Glühweintasse wärmen – das hat schon was.

Daheim gibt es doch nur Stress: An seinen Noten wird gemeckert, die Mutter schimpft, wie sein Zimmer schon wieder aussieht, die jüngeren Geschwister nerven, und ständig der Streit, wie lange er abends fortbleiben darf. Weihnachten in der Familie – nein danke! Zum Glück kann er sich in sein Zimmer zurückziehen. Da hat er wenigstens seine Ruhe.

Nur wenn er an Leila aus seiner Klasse denkt, kommt bei Leon ein Hauch von Romantik auf. Mit ihr durch den Schnee zu wandern, das könnte er sich vorstellen. Und keiner seiner Kumpels bräuchte dabei zu sein …

Leila lebt allein bei ihrer Mutter. Sie ist in Deutschland geboren und aufgewachsen, aber ihre Eltern stammen aus der Türkei und der Vater hat die Familie schon lange verlassen, um in die alte Heimat zurückzukehren. Am Tag vor Heiligabend passiert es: Leilas Mutter rutscht auf dem Heimweg von der Arbeit auf einer Eisplatte aus und bricht sich das rechte Wadenbein und das Sprunggelenk.

Die Ärzte raten ihr dringend, über die Feiertage in der Klinik zu bleiben.

Leons Herz hämmert, als seine Eltern vorschlagen, Leila könne doch an Weihnachten zu ihnen kommen, und Leilas Mutter ist glücklich, dass ihre Tochter an den Feiertagen nicht allein sein muss.

Leilas Ankunft verändert das Familienleben. Es gibt viel weniger Zoff als üblich und Leon, der sonst oft mit seinen jüngeren Geschwistern in Streit gerät, zeigt sich von seiner besten Seite. Er weiß selbst nicht, was mit ihm los ist. Leila hilft sogar in der Küche mit und sie drückt auch Leon ein Messer in die Hand, damit er das Obst für den Fruchtsalat klein schneidet. Als Leons Vater mit den jüngeren Geschwistern den Christbaum schmückt und vorsichtig bei Leon anfragt, ob er vielleicht die Krippe aufbauen könne, da liegt ihm das Nein schon auf der Zunge, als er einen leichten Rippenstoß von Leila verspürt und zu seinem eigenen Erstaunen ein »Ja, klar doch!« stammelt.

Erst ist Leon ein bisschen verlegen, als er die Krippenfiguren vom Dachboden holt, doch Leila geht ihm neugierig zur Hand. Sie ist mit dem christlichen Glauben wenig vertraut und in Bezug auf Weihnachten ziemlich ahnungslos. Als Leon den Stall und die ersten Figuren aus der Schachtel holt, denkt sie zuerst, ein Bauernhof solle aufgebaut werden. Es gibt ja immerhin eine Menge Schafe, einen Ochsen und einen Esel und mehrere bärtige Männer. Leon erklärt ihr, dass es um etwas anderes geht. Er erzählt ihr von Maria, der ein Engel die Geburt eines Sohnes verkündet hatte, von Kaiser Augustus und der Herbergssuche in Betlehem. Er erzählt ihr von den Hirten auf dem Felde und von dem Engel, der ihnen zurief: »Heute ist euch der Retter geboren.« Und Leila hört zu und betrachtet still das Kind, das Leon in die kleine Holzkrippe gelegt hat. Leon ist es kein bisschen peinlich, über diese Dinge zu reden, über die er sonst nie geredet hätte. Und während er davon erzählt, ist es ihm, als höre er selbst die alte Geschichte mit neuen Ohren und als sehe er das Kind im Stall mit anderen Augen, und am Ende stehen sie beide einfach da vor der Krippe und betrachten ihr Werk, und das ist der Augenblick, wo Leon zum ersten Mal seit langem richtige Weihnachtsstimmung empfindet.

Als er kurz danach an der Küchentür vorbeigeht, hört er, wie seine Mutter dem Vater halblaut zuraunt: »Diese Leila ist wirklich ein Engel.«

EIN ENGEL NAMENS CHANTAL 56

ln einer Predigt im Advent erzählte unser Pfarrer von der Begegnung mit einer 94-jährigen Frau bei der Krankenkommunion. Beim Verabschieden fragte sie ihn: »Glauben Sie an Schutzengel?«. Na ja – was will man als Pfarrer da antworten? Irgendwie ja schon ... »Und wissen Sie, was ein Schutzengel ist?«, fragte die Frau weiter. Der Pfarrer sah sie fragend an. »Wissen Sie«, sagte die Frau, »der Schutzengel ist nicht außen irgendwo, der ist in uns drin – damit wir Engel für andere sein können – und andere wiederum Engel für uns!«

Es gibt manchmal Stellen im Gottesdienst, da bekomme ich Gänsehaut – das war so eine.

Am Sonntag war dann das Krippenspiel der Kindertagesstätte in St. Michael. Die Geburt Jesu wurde erzählt aus
der Sicht von Tieren, mit mitreißenden Liedern, und die
Kinder hatten teilweise viel Text gelernt. Es war wunderschön – aber am meisten berührte es mich, als eine
Erzieherin einen großen Kinderwagen hineinschob, in
dem Chantal lag. Chantal ist eines der Integrationskin-
der in der Kindertagesstätte und mehrfach behindert.
Sie hatte die Rolle des Engels übernommen, hatte ein
weißes Gewand an und große dicke Engelsflügel ragten
links und rechts am Kinderwagen hervor. Ein Engel mit
Handicaps …

Eine 94-jährige Frau und ein fünfjähriges behindertes
Mädchen haben mir in diesem Jahr die Weihnachtsbot-
schaft gebracht. Die Engel, die die Geburt Jesu verkün-
den, sind nicht strahlend und groß und prächtig, sondern
sie sind unscheinbar, mit leicht zerzausten Engelsflügeln
und alles andere als perfekt. Engel mit Handicaps halt –
so wie wir alle. Keiner von uns ist vollkommen, jeder hat
seine Behinderungen, die einen eher verborgen, die anderen offensichtlicher.

Und doch – es ist unser Job, trotz alldem Engel für andere
zu sein.

Oder sollte man es vielleicht doch andersherum sagen?

Das Geschenk Gottes an uns ist, dass er uns trotz aller
Handicaps zutraut, solch ein Engel für andere zu sein.

Als ich dieses Jahr meine Krippe und die fünf Weihnachtsengel wieder einpackte, behielt ich den Letzten in der Hand. »Du bleibst«, sagte ich. »Ich brauche ein bisschen Weihnachtsfreude für das ganze Jahr.«
»Da hast du aber Glück gehabt«, sagte er.
»Wieso?«, fragte ich ihn.
»Na, ich bin doch der einzige Engel, der reden kann.«
Stimmt! Jetzt erst fiel mir auf: ein Engel, der redet? Da hatte ich wirklich Glück gehabt.
»Wieso kannst du eigentlich reden? Das gibt es doch gar nicht!«
»Doch, das ist so. Nur wenn jemand nach Weihnachten einen Engel zurückbehält, nicht aus Versehen, sondern wegen der Weihnachtsfreude – wie bei dir –, dann können wir reden. Aber es kommt ziemlich selten vor. Übrigens, ich heiße Heinrich.
Seitdem steht Heinrich in meinem Wohnzimmer im Regal. In den Händen trägt er seltsamerweise einen Müllkorb. Heinrich steht gewöhnlich still an seinem Platz, aber wenn ich mich über irgendetwas ärgere, hält er mir seinen Müllkorb hin und sagt: »Wirf rein!«
Ich werfe meinen Ärger hinein – weg ist er! Manchmal ist es ein kleiner Ärger: wenn ich zum Beispiel meine Brille verlegt habe oder meinen Haustürschlüssel nicht finde. Es kann aber auch ein größerer Ärger sein oder eine Not, ein Schmerz, mit dem ich nicht fertigwerde.
Eines Tages fiel mir auf, dass Heinrichs Müllkorb immer gleich leer war. Ich fragte ihn: »Wohin bringst du das alles?«

»In die Krippe«, sagte er.

»Ist denn so viel Platz in der kleinen Krippe?«

Heinrich lachte. »Pass auf: In der Krippe liegt ein Kind, das ist noch kleiner als die Krippe. Und sein Herz ist noch viel kleiner. Deinen Kummer lege ich in Wahrheit gar nicht in die Krippe, sondern in das Herz des Kindes. Verstehst du das?«

Ich dachte lange nach. »Das ist schwer zu verstehen. Und trotzdem freue ich mich. Komisch, nicht?«

Heinrich runzelte die Stirn. »Das ist gar nicht komisch, sondern das ist die Weihnachtsfreude. Verstehst du?«

Auf einmal wollte ich Heinrich noch vieles fragen. Aber er legte den Finger auf den Mund. »Pst«, sagte er, »nicht reden. Nur sich freuen!«

»Und ihr werdet ein Kind finden …«

*Von Maria, Josef, den Hirten und allen,
die den Weg zur Krippe fanden*

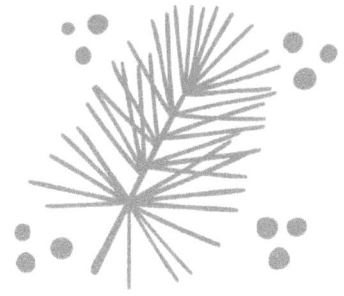

In der Heiligen Nacht sprachen die Hirten zueinander: »Kommt, lasst uns nach Betlehem gehen und sehen, was da geschehen ist.« Und sie machten sich eilends auf. Jeder nahm ein Geschenk mit: einen Krug Milch, Honig, Wolle vom Schaf und ein warmes Lammfell.

Nur ein Hirtenjunge hatte gar nichts zum Schenken. Was sollte er nur mitbringen? Er suchte auf der Winterflur nach einem Blümchen. Er fand keins. Da wurde der Hirtenjunge sehr traurig und weinte. Die Tränen fielen auf die harte Erde. Und dort, wo seine Tränen auf den Boden fielen, begannen Blumen zu wachsen, die trugen Blüten wie Rosen. Fünf Blütenblätter, zart und weiß, standen zum Kelch zusammen, daraus ein Kranz von goldenen Staubgefäßen, die wie eine Krone hervorleuchteten. Voll Freude pflückte der Junge die Blumen und brachte sie dem Kind in der Krippe. Das Jesuskind schaute die Blumen an, es freute sich und lächelte.

Seit der Zeit blüht diese Blume jedes Jahr um die Weihnachtszeit auf, und die Menschen nennen sie die Christrose.

59
MARIA UND DAS SCHWARZE SCHAF

Als der Engel Gabriel fortgegangen war, saß Maria lange da und dachte nach. Der Engel hatte sie gefragt, ob sie die Mutter des Jesuskindes werden wolle, und sie hatte Ja gesagt. Sie freute sich auf das Jesuskind. In neun Monaten sollte es zur Welt kommen. Bis dahin musste sie manches lernen und vorbereiten. Sie wollte bei anderen Müttern zusehen, wie man Babys badet und wickelt. Sie musste Windeln nähen. Sie musste eine Decke weben. Was brauchte das himmlische Kind noch? Einen Menschenvater, der es lieb hatte. Josef, der Zimmermann, sagte zu Maria. »Ich werde immer da sein für dich und dein Kind. Ich werde gut für euch sorgen.«

»Bau mir einen Webstuhl«, bat Maria, »damit ich unserem Kind eine Decke weben kann.« Josef fing an, einen Webstuhl zu bauen. Maria ging hinaus auf das Feld zu den Schafen. Sie sprach zum Hirten: »Werden mir deine Schafe ein wenig Wolle schenken?«

»Frag sie selber, junge Frau!«, sagte der Hirt. Maria ging von Schaf zu Schaf, und bat jedes Schaf um eine Flocke weicher Wolle, und jedes Schaf schenkte ihr eine.

»Zupf nur, zu-u-upf«, blökten die Schafe, »du brauchst sie doch für dein Jesuskind, den Retter und Erlöser der Welt. Zur Welt gehören auch wir Schafe. Jesus wird auch unser Freund sein. Zuuupf nur, zuuupf!«

Maria sammelte unzählige weiße Wollflocken in ihre Schürze.

Nun hätte sie genug für eine kleine Decke. Da sah sie am Rand der Weide ein schwarzes Schaf stehen. Es stand ganz allein, kein weißes Schaf wollte daneben auch nur den kleinsten Grashalm rupfen.

Maria ging zum schwarzen Schaf: »Schenkst du mir ein wenig von deiner Wolle?«

»Zupf nur zupf«, blökte das schwarze Schaf. »Nimm eine gute Handvoll, nimm, soviiiel du brauchst.«

Die weißen Schafe drängten sich aneinander. Sie blökten laut wie mit einer Stimme: »Bäh! Bäh! Bäh! Nimm nichts von diesem schwarzen Schaf! Es gehört nicht zu uns! Seine Wolle passt nicht zu unserer. Eine einzige schwarze Flocke zwischen unsere gemischt, macht unsere feine weiße Wolle grau!«

Maria sagte: »Das schwarze Schaf gehört nicht zu euch? Aber zur Welt gehört es doch. Darum will ich auch seine Wolle in die Decke weben.«

Sie ging nach Hause, schleppte Wasser vom Brunnen und wusch die Wolle, erst die weiße, dann die schwarze. Sie drehte die Wolle mit dem Spinnwirtel zu weißem Faden und schwarzem Faden und grauem Faden. Der Webstuhl war schon fertig. Maria webte die Decke für das Jesuskind. Die Decke war schneeweiß, hatte einen grauen Stern in der Mitte und an den vier Seiten einen schwarzgemusterten Rand. Es war eine wunderschöne Decke.

Maria ging hinaus aufs Feld und zeigte die Decke den Schafen.

»Oooooh«, blökten die weißen Schafe, »seeehr, seehr schön!«

Das schwarze stand ganz stumm vor Freude. Ein altes Mutterschaf rief: »Wenn dein Kind auf der Welt ist, schick Josef her mit einem großen Krug. Dann schenken wir dir von unserer Milch, die ist süß und weiß von allen, ob wir nun weiß sind oder schwarz.«

»Danke«, sagte Maria und ging in die Stadt zurück. Auf der Hügelkuppe drehte sie sich noch einmal um und winkte den Schafen.

Die weideten über die ganze Wiese verstreut, das schwarze mitten unter den weißen.

Es war einmal ein Mann. Er besaß ein Haus, einen Ochsen, eine Kuh, einen Esel und eine Schafherde.

Der Junge, der die Schafe hütete, besaß einen kleinen
Hund, einen Rock aus Wolle, einen Hirtenstab und eine
Hirtenlampe.

Auf der Erde lag Schnee. Es war kalt, und der Junge fror.
Auch der Rock aus Wolle schützte ihn nicht.

»Kann ich mich in deinem Haus wärmen?«, bat der junge
Mann. »Ich kann die Wärme nicht teilen. Das Holz ist
teuer«, sagte der Mann und ließ den Jungen in der Kälte
stehen. Da sah der Junge einen großen Stern am Himmel.
»Was ist das für ein Stern?«, dachte er.

Er nahm seinen Hirtenstab, seine Hirtenlampe und
machte sich auf den Weg.

»Ohne den Jungen bleibe ich nicht hier«, sagte der kleine
Hund und folgte seinen Spuren.

»Ohne den Hund bleiben wir nicht hier«, sagten die
Schafe und folgten seinen Spuren.

»Ohne die Schafe bleibe ich nicht hier«, sagte der Esel und
folgte ihren Spuren.

»Ohne den Esel bleibe ich nicht hier«, sagte die Kuh und
folgte seinen Spuren.

»Ohne die Kuh bleibe ich nicht hier«, sagte der Ochse und
folgte ihren Spuren.

»Es ist auf einmal so still«, dachte der Mann, der hinter
seinem Ofen saß. Er rief nach dem Jungen, aber er bekam
keine Antwort. Er ging in den Stall, aber der Stall war leer.
Er schaute in den Hof hinaus, aber die Schafe waren nicht
mehr da.

»Der Junge ist geflohen und hat alle meine Tiere gestohlen«, schrie der Mann, als er im Schnee die vielen Spuren entdeckte.

Doch kaum hatte der Mann die Verfolgung aufgenommen, fing es an zu schneien. Es schneite dicke Flocken. Sie deckten die Spuren zu. Dann erhob sich ein Sturm, kroch dem Mann unter die Kleider und biss ihn in die Haut. Bald wusste er nicht mehr, wohin er sich wenden sollte. Der Mann versank immer tiefer im Schnee. »Ich kann nicht mehr!«, stöhnte er und rief um Hilfe.

Da legte sich der Sturm. Es hörte auf zu schneien, und der Mann sah einen großen Stern am Himmel. »Was ist das für ein Stern?«, dachte er.

Der Stern stand über einem Stall, mitten auf dem Feld. Durch ein kleines Fenster drang das Licht einer Hirtenlampe.

Der Mann ging darauf zu. Als er die Tür öffnete, fand er alle, die er gesucht hatte, die Schafe, den Esel, die Kuh, den Ochsen, den kleinen Hund und den Jungen.

Sie waren um eine Krippe versammelt. In der Krippe lag ein Kind. Es lächelte ihm entgegen, als ob es ihn erwartet hätte.

»Ich bin gerettet«, sagte der Mann und kniete neben dem Jungen vor der Krippe nieder.

Am anderen Morgen kehrten der Mann, der Junge, die Schafe, der Esel, die Kuh, der Ochse und auch der kleine Hund wieder nach Hause zurück.

Auf der Erde lag Schnee. Es war kalt. »Komm ins Haus«, sagte der Mann zu dem Jungen, »ich habe Holz genug. Wir wollen die Wärme teilen.«

Nachdem der Engel den Hirten auf dem Felde die frohe Botschaft verkündet hatte, machten sie sich auf nach Betlehem. Die Worte des Engels gaben ihnen Flügel.

»Und das habt zum Zeichen!«, hatte der Engel gesagt, »ihr werdet finden das Kind, in Windeln gewickelt, in einer Krippe liegen.«

Ein Kind, ärmer noch als der Ärmste unter ihnen? Sie nahmen also Geschenke mit, von dem, was sie so hatten: ein Lämmlein, einen geschnitzten Stab, ein Fell, Milch und Brot.

Der Jüngste aber unter den Hirten fand nichts, was er dem Kind hätte bringen können. Er besaß nichts, von dem er dachte, es könnte dem Kind Freude bereiten. Da kam ihm plötzlich seine Lampe in den Sinn. Wie sehr hatte er sich eine Lampe gewünscht, als er noch ein kleiner Junge war. Sicher brauchte das Jesuskind auch eine Lampe. Es würde ihm schwerfallen, sich davon zu trennen. Wie würde er sich fortan wieder fürchten, allein in der Nacht auf dem Feld, allein und ohne Lampe! Doch er musste dem Kind seine Lampe bringen.

Entschlossen lief er den anderen Hirten nach.

Als sie zum Stall kamen, fanden sie alles so, wie der Engel es ihnen gesagt hatte: ein Kind, arm und bloß. Aber auch eine unerwartete Helle blendete sie. Erschrocken starrten sie in die Lichtflut und getrauten sich kaum in die Nähe des göttlichen Kindes.

Der Glanz kam von den Engeln, die über dem Stall schwebten und jubelten, und er kam von der Freude, die allem Volk widerfahren war.

Nur der junge Hirte war traurig und schämte sich mit seiner armseligen Lampe. Er hielt sie fest in seiner Hand und versteckte sie hinter seinem Rücken. Was hatte er sich bloß gedacht, dem König aller Könige eine Hirtenlampe schenken zu wollen! Die Enttäuschung trieb ihm die Tränen in die Augen.

Maria und Josef begrüßten die Hirten voller Dankbarkeit. Einer nach dem anderen trat zur Krippe, fiel ehrfürchtig auf die Knie und brachte seine Geschenke dar.

Zuletzt kam die Reihe auch an den Jüngsten. Als er sich über das Kind beugte, ergriff ihn ein großes Staunen. Er stellte seine Lampe vor die Krippe und breitete die leeren Arme aus. Da lächelte das Kind zum ersten Mal und wollte mit seinen winzigen Fingerchen nach dem dünnen Licht des Hirten greifen. Es verlangte so sehr danach, dass Gott ein Wunder tat.

Er löschte den Glanz der Engel aus, nur für einen Augenblick zwar, aber er löschte ihn aus. Da brannte nur noch die kleine Lampe des Hirten und flackerte im Wind, der durch die Mauern blies. Sie gab ein trauliches Licht.

Alle, die versammelt waren, rückten näher zusammen. Es wurde ihnen warm ums Herz, und sie hielten sich bei den Händen. Gerne wären alle lange um das kleine Licht gekniet, aber Gott musste die Engel wieder leuchten lassen, damit auch die drei Könige, die schon ganz nahe waren, den Weg zur Krippe fanden.

Es war einmal ein Hirte. Der lebte auf einem Felde in der Nähe Betlehems. Er war groß und stark, aber er hinkte und konnte nur an Krücken gehen. Darum saß er meistens mürrisch am Feuer und sah zu, dass es nicht ausging. Die anderen Hirten fürchteten ihn.

Als den Hirten in der Heiligen Nacht ein Engel erschien und die frohe Botschaft verkündete, da wandte er sich ab. Und als sie sich aufmachten, das Kind zu finden, so wie es ihnen der Engel gesagt hatte, blieb er allein am Feuer zurück. Er schaute ihnen nach, sah, wie das Licht ihrer Lampen kleiner wurde und sich in der Dunkelheit verlor. »Lauft, lauft! Was wird es schon sein? Ein Spuk, ein Traum!«

Die Schafe rührten sich nicht. Die Hunde rührten sich nicht. Er hörte nur die Stille. Er stocherte mit der Krücke in der Glut. Er vergaß, frisches Holz aufzulegen.

Und wenn es kein Spuk, kein Traum wäre? Wenn es den Engel gab? Er raffte sich auf, nahm die Krücken unter die Arme und humpelte davon, den Spuren der anderen nach.

Als er endlich zu dem Stall kam, dämmerte bereits der Morgen. Der Wind schlug die Tür auf und zu. Ein Duft von fremden Gewürzen hing in der Luft. Der Lehmboden war von vielen Füßen zertreten. Er hatte den Ort gefunden.

Doch wo war das Kind? Der Heiland der Welt, Christus, der Herr in der Stadt Davids?

Er lachte. Es gab keine Engel. Schadenfroh wollte er umkehren. Da entdeckte er die kleine Kuhle, wo das Kind gelegen hatte, sah das Nestchen im Stroh. Und da wusste er nicht, wie ihm geschah.

Er kauerte vor der leeren Krippe nieder. Was machte es aus, dass das Kind ihm nicht zulächelte, dass er den Gesang der Engel nicht hörte und den Glanz Marias nicht bewunderte! Was machte es aus, dass er nun nicht mit den anderen in Betlehem durch die Straßen zog und von dem Wunder erzählte!

Was ihm widerfahren war, konnte er nicht mit Worten beschreiben. Staunend ging er davon. Er wollte das Feuer wieder anzünden, bevor die anderen Hirten zurückkamen. Doch als er eine Weile gegangen war, merkte er, dass er seine Krücken bei der Krippe vergessen hatte. Er wollte umkehren. Warum denn? Zögernd ging er weiter, dann mit immer festeren Schritten.

63

DER WOLF AN DER KRIPPE

Es war einmal ein Wolf. Er lebte in der Gegend von Betlehem. Die Hirten wussten um seine Gefährlichkeit und waren allabendlich damit beschäftigt, ihre Schafe vor ihm in Sicherheit zu bringen. Stets hatte einer von ihnen Wache zu halten, denn der Wolf war hungrig, listig und böse.

Es war in der Heiligen Nacht. Eben war der wundersame Gesang der Engel verstummt. Ein Kind sollte geboren worden sein, ein Knabe. Der Wolf wunderte sich sehr, dass die rauen Hirten allesamt hingingen, um ein Kind anzusehen. »Wegen eines neugeborenen Kindes solch ein Getue«, dachte der Wolf. Aber neugierig geworden und hungrig, wie er war, schlich er ihnen nach. Beim Stall angekommen, versteckte er sich und wartete.

Als die Hirten nach der Huldigung an Jesus sich von Maria und Josef verabschiedeten, hielt der Wolf seine Zeit für gekommen. Er wartete noch, bis Maria und Josef eingeschlafen waren; die ausgestandene Sorge und die Freude über das Kind hatten sie sehr müde gemacht. »Umso besser«, dachte der Wolf, »ich werde mit dem Kind beginnen.« Auf leisen Pfoten schlich er in den Stall. Niemand bemerkte sein Kommen. Allein das Kind. Es blickte voll Liebe auf den Wolf, der, Tatze vor Tatze setzend, sich lautlos an die Krippe heranschob. Er hatte den Rachen weit geöffnet, und die Zunge hing ihm heraus. Er war schrecklich anzusehen. Nun stand er dicht neben der Krippe. »Ein leichtes Fressen«, dachte der Wolf und schleckte sich begierig die Lefzen. Er setzte zum Sprung an.

Da berührte ihn behutsam und liebevoll die Hand des Jesuskindes. Das erste Mal in seinem Leben streichelte jemand sein hässliches, struppiges Fell, und mit einer Stimme, wie der Wolf sie noch nie vernommen, sagte das Kind: »Wolf, ich liebe dich.«

Da geschah etwas Unvorstellbares – im dunklen Stall von Betlehem platzte die Tierhaut des Wolfes – und heraus stieg ein Mensch. Ein wirklicher Mensch. Der Mensch sank in die Knie, küsste die Hände des Kindes und betete es an.

Alsdann verließ er den Stall – lautlos, wie er zuvor als Wolf gekommen – und ging in die Welt, um allen zu künden: Dieses göttliche Kind kann dich erlösend berühren!

In der Nacht, als Jesus geboren wurde, machte Josef sich auf den Weg.

Auf dem Feld war ein Hirte, der zu sich selbst nie barmherzig gewesen war. Der sah den Mann kommen, der mitten in der Nacht von Haus zu Haus ging und um Feuer für seine Familie bat. Aber alle schliefen und niemand antwortete ihm.

Als der Mann näher kam, erwachten seine drei Schäferhunde und stürzten sich auf den Fremden. Jener rief sie nicht zurück, bemerkte aber erstaunt, dass ihnen die Kinnladen und scharfen Zähne nicht gehorchten; denn der Mann zeigte keine Wirkung, obwohl ein Hund nach seinem Bein schnappte, der zweite nach seiner Hand und der dritte sich sogar an seine Kehle hängte.

Nun war der Mann ganz nahe gekommen und sagte zu ihm: »Guter Freund, hilf mir und leih mir ein wenig Feuer. Meine Frau hat eben ein Kindchen geboren, und ich muss Feuer machen, um sie und den Kleinen zu wärmen.«

Da erwachte in dem Hirten wieder der alte Hass auf alles, was Mensch heißt, und weil er wusste, dass weit und breit kein Eimer oder eine Schaufel waren, worin die glühenden Kohlen hätten getragen werden können, deutete er aufs Feuer und sagte: »Nimm, so viel du brauchst!« Und er freute sich insgeheim, dass der Mann kein Feuer wegtragen konnte. Der aber beugte sich hinunter, holte die Kohlen mit bloßen Händen aus der Asche und legte sie in seinen Mantel. Und die Kohlen versengten weder seine Hände, noch brannten sie sich durch seinen Mantel. Der

Mann trug das Feuer fort, als wenn es Nüsse oder Äpfel gewesen wären.

Als der mürrische Hirt das sah, wunderte er sich zutiefst: Was ist das für eine Nacht, in der die Hunde den Mann nicht beißen und das Feuer brennt, aber nicht verbrennt? Er rief den Fremden zurück und fragte: »Was ist das für eine Nacht, in der alles Barmherzigkeit zeigt?« Da gab der Mann zur Antwort: »Mit Worten kann ich das nicht sagen, du musst es selber wahrnehmen!« Und er ging seiner Wege.

Der Hirte aber wollte den seltsamen Mann nicht aus den Augen verlieren. Er musste erfahren, was das alles bedeutet. So stand er auf und ging ihm nach, bis er dorthin kam, wo der Fremde daheim war.

Da sah der Hirt, dass der Mann nicht einmal eine Hütte hatte, um darin zu wohnen. Er hatte seine Frau mit dem Kind in einer Berggrotte liegen, wo es nichts anderes gab als nackte, kalte Steinwände. Hier konnte das arme unschuldige Kind vielleicht erfrieren.

Da wurde die Seele des harten Mannes berührt, als er das Kind sah. Er löste seinen Ranzen von der Schulter und nahm ein weiches, leichtes weißes Schaffell heraus. Das gab er dem fremden Mann und sagte, er möge das Kind darunter betten.

In dem Augenblick traten Tränen in seine Augen. Er war selbst überrascht, dass er barmherzig sein konnte. Und plötzlich erwachte seine Seele; er konnte fühlen und ganz anders hören und sehen. Und er fiel auf die Knie – vor diesem Kind.

Er war den Hirten, die in der Nähe Betlehems ihre Schafe hüteten, eines Tages zugelaufen, ein struppiger Hund, ein Köter nur.

Weil dieser Hund als Wächter für die Herde nichts zu taugen schien, jagten sie ihn davon, warfen Steine nach ihm. Doch er kam immer wieder. Die Männer wussten nicht, dass einer von ihnen, ein Trinker und Possenreißer, dem Hund hin und wieder einen Bissen Brot oder ein Stück Käse zuschob, sich nicht davor scheute, ihn auch zu streicheln.

So kam es, dass in jener Nacht der Engel des Herrn nicht nur den Hirten auf dem Feld, sondern auch einem Hund erschien. Auch er sah, wie der Himmel sich öffnete und ein lichtes Wesen eine Botschaft verkündete. Verstehen konnte er sie nicht. Doch wie die Hirten fürchtete er sich sehr.

Als der Engel, begleitet von himmlischen Heerscharen, wieder zum Himmel auffuhr und es dunkel wurde wie zuvor, beobachtete der Hund, wie die Hirten aufgeregt nach Fellen suchten, Wolle bündelten, ihre Taschen mit Brot und Käse füllten und sich der Jüngste unter ihnen ein neugeborenes Lamm um die Schultern legte.

»Und nun lasst uns, so schnell uns unsere Füße tragen, nach Betlehem laufen«, sagten sie.

Auch diese Worte verstand er nicht. Doch neugierig wie Hunde sind, folgte er ihnen, und niemand vermochte ihn zurückzuhalten, auch nicht der Trinker und Possenreißer, der allein am Feuer sitzen blieb.

Zugleich mit den Hirten kam auch der Hund zu einem elenden Stall. Aus seinem Versteck hinter einem Olivenbaum sah er sie vor einer Futterkrippe knien, sah eine Frau und einen Mann und über dem Stall am Himmel einen Stern, leuchtend und schön.

Er schlich sich näher, umkreiste den Stall bis ihm auf seiner Rückseite ein Riss in der Mauer den Blick ins Innere gewährte. Nun sah er die Gesichter der Hirten, in Andacht versunken, und entdeckte das Kind auf Heu und auf Stroh. Und dieses Kind streckte ihm, unsichtbar für alle anderen, die Ärmchen entgegen, ihm ganz allein, dem struppigen Hund, einem Köter nur.

Durch den Riss in der Mauer entdeckte er Ochs und Esel, erlebte die Ankunft der drei Könige; erlebte, wie die Frau das Kind auf die Arme nahm, um es in den Schlaf zu wiegen.

Erst als der Morgen dämmerte, die Hirten sich längst auf dem Heimweg befanden, die drei Könige weitergezogen waren und auch der Mann und die Frau mit dem Kind die Flucht ergriffen hatten, um es vor Herodes zu schützen, erst jetzt wagte er sich aus seinem Versteck hervor.

Doch als er in den Stall kam, war er nicht allein. Vor der leeren Krippe stand der Trinker und Possenreißer. »Dich habe ich gesucht«, lachte er.

Begleitet von einem Duft aus Weihrauch und Myrrhe kehrten sie aufs Feld zurück, wo sie jubelnd empfangen wurden, wo die Hirten sie beide in ihre Mitte nahmen, den Trinker und Possenreißer zusammen mit dem struppigen Hund, einem Köter nur.

War ein Wunder geschehen?

Ein armer Hirtenjunge, der in den Bergen bei Betlehem die Schafe hütete, hörte von der Botschaft, dass ein neuer König in einem Stall zu Betlehem geboren sei. Aber bevor er sich aufmachte, zu dem Kind zu gehen, machte er sich noch auf die Suche nach einem Lamm, das er verloren hatte.

Da stand plötzlich ein Engel vor ihm und sagte: »Mach dir keine Sorgen um dein verlorenes Schaf. Heute ist ein Hirt geboren worden, der holt alle zurück, die verloren sind. Er ist angekommen, um die ganze Welt zu erlösen.«

Der Hirtenjunge spürte, dass er nicht ohne Geschenk losgehen könne. Doch der Engel reichte ihm, als habe er seine Gedanken erraten, eine glänzende Flöte und gebot ihm, darauf für das neugeborene Kind zu spielen.

Dankbar nahm der kleine Hirte die Flöte und setzte sie an den Mund. Sie spielte wie von selber und ließ sieben himmelreine Töne erklingen.

Fröhlich sprang er den Berg hinunter und achtete kaum auf den Weg. Doch als er ein Bachbett übersprang, stolperte er, fiel hin und verlor dabei auch die Flöte. Da fluchte er ärgerlich. Als er die Flöte aufhob, war sie um einen Ton ärmer.

Er rannte weiter, bis ihm ein Wolf den Weg versperrte. Wut packte ihn, wenn er an all die gerissenen Schafe dachte, und er warf die Flöte nach ihm. Sofort nahm der Wolf Reißaus, aber wieder hatte die Flöte einen Ton verloren.

Er kam zu seiner Herde. Alle Tiere lagen still, nur ein Schaf blökte laut, ließ sich nicht in den Pferch treiben und

wollte davonrennen. Da schlug er mit der Flöte nach ihm
– es blieben ihr nur noch vier Töne.

Darüber war der Junge so verärgert, dass er einem Was-
serkrug, der in der Nähe stand, einen Fußtritt gab. Dabei
flog ihm die Flöte aus der Hand. Als er sie aufhob, gab sie
nur noch drei Töne her.

Am Stadttor von Betlehem wollten Kinder ihm die besondere Flöte abnehmen, doch er wehrte sich und schlug mit
seiner Flöte auf sie ein. Jetzt besaß sie nur noch zwei
Töne.

Schon sah er den Stall. Darüber den großen Stern. Aber
sollte hier jener geboren sein, der alle Verlorenen heim-
holt? In einer Futterkrippe für Tiere? Er zweifelte! Da
hatte die Flöte nur noch einen Ton.

So trat er ein. Er blieb am Eingang stehen. Er schämte
sich, weil seine himmlische Gabe so unscheinbar geworden war.

Aber dennoch versuchte er, auf der Flöte zu spielen. Er
blies ihren einzigen Ton, der ihr noch verblieben war.
Dieser klang so rein und schön, dass alle im Stall lausch-
ten: Maria und Josef, der Ochs und der Esel und alle, die
noch gekommen waren. Das Kind in der Krippe lächelte
dem kleinen Hirten zu und streckte seine Hände aus.
Und der Junge trat näher und freute sich.

Da berührte das Kind die Flöte. Im Augenblick wurde sie
wieder so, wie der Engel sie ihm gegeben hatte: volltö-
nend, ganz rein und schön.

»Ich geh ein wenig vor die Tür«, sagte Josef.

Und Maria sagte: »Ja.«

»Wenn du etwas willst, brauchst du nur zu rufen«, sagte Josef.

Und Maria sagte: »Ja.«

»Ich will nur ein bisschen Luft schnappen.«

Maria sagte: »Ja, Josef, geh nur. Ich brauche nichts. Es ist alles gut.«

Josef schaute über die linke Schulter zurück. Verlegen ein wenig und verworren, sah er, wie sie sich über das Kind beugte; sah, wie sie mit der Hand versuchte, es zu streicheln. Sie flüsterte etwas, aber er konnte es nicht verstehen. Er wusste nicht, was sie zu dem Kind sagte. Nur, dass er die beiden jetzt allein lassen musste, das wusste er. Dass er jetzt hier raus musste, das wusste er. Es ging über seinen Verstand. Nicht, dass die plötzliche Geburt ihn überrascht hatte. Das nicht. Das war kein Wunder. Die neun Monate waren um. Dazu kam die Anstrengung der letzten Tage. Und seit wann nahmen die Behörden Rücksicht auf die Leute?

Ja, ich hätte es mir damals überlegen sollen! Und Josef dachte an den Engel, der ihn aus dem Schlafe geschreckt hatte; erinnerte sich seiner Worte, dieser unglaublichen Botschaft: »Sie wird ein Kind haben – ohne dich!«

»Ein Kind von einem anderen also!«

»Ja, von einem anderen. Aber nicht so, wie du denkst. Nicht von einem Manne, Josef.«

»Das soll ich verstehen? Ich bin ein Zimmermann, Engel! Ich kann nicht einmal lesen. Das ist doch kein Grund, mich zu verspotten!«

Und er quälte sich. Und er dachte: Ich träume! Biss sich in den Finger, schrie auf vor Schmerz, so biss er zu und schwieg, als er die Stimme des Engels wieder hörte: »… die Leute werden ihn Immanuel nennen. Verstehst du jetzt, Zimmermann? Immanuel!«

Doch Josef hörte ihn nur; verstehen konnte er ihn nicht. Nicht um alles in der Welt. Tat nur, was der Engel ihm sagte. Verließ das Haus, ging zu ihr und sagte: »Komm zu mir, Maria!« Und nahm sie schüchtern bei der Hand – Was ist sie nur für eine Frau? – und vertraute auf den Spruch des Engels.

Der Herr hat gesprochen. Der Herr weiß, was er tut. Der Herr wird seine Hand über uns halten.

Lange stand Josef draußen vor der Tür. Von den Bergen her kam kalter Wind. Er kühlte seine heißen Schläfen, das heftig pochende Herz. Seine zitternden Hände beruhigten sich nur langsam. Immer wieder war er versucht, die Tür einen Spaltbreit zu öffnen, um zu sehen, ob da drinnen nicht doch noch das große Wunder geschah, auf das er wartete. Das Wunder, das diesen miserablen Stall verwandelte. In eine Wohnung für Immanuel.

»Wo bist du, Engel, wo ist dein Versprechen?«

Aber es gab keinen Engel, gab keine Antwort – nur den Wind. Einen kalten Wind, der kalkigen Staub mitbrachte von den Bergen, Schafsgeruch von den Herden, Hundegebell.

»Ich bin nur ein einfacher Mann, Engel!«, stöhnte Josef, »zimperlich bin ich auch nicht. Auch zu Hause hätten wir uns einen Arzt nicht leisten können. Sicher nicht. Aber zu

Hause, da wären die Nachbarn da gewesen. Und vielleicht wäre auch Elisabet für ein paar Tage herübergekommen, Aber so, wie soll ich hier, vor dieser elenden Tür, dein Versprechen deuten? Das meine halten? Ich schäme mich, Engel! Nicht einmal eine Bank in einer billigen Kneipe habe ich auftreiben können. Eine Bank neben dem Fenster, neben dem Herd. Kein Tropfen heißes Wasser – weißt du überhaupt, was das heißt, Engel?« Josef schlug seinen Kopf gegen das Gatter und flüsterte: »Nichts als ein paar brüchige Bretterwände, die kaum die ärgste Kälte abhalten, eine Laterne mit einem Kerzenstummel, ein Ochse und ein Esel – für deinen Immanuel!«

Er spürte die Tränen nicht, die ihm übers Gesicht liefen. Er spürte den Frost nicht, der ihn schüttelte. Er fürchtete sich vor morgen und übermorgen. Maß ja alles an der Elle von heute.

Da hörte er Stimmen, Stimmen von Männern und Kindern. Und einer rief: »Dort drüben in der Hütte, dort muss es sein. Ich sehe Licht!«

Da glaubte er wieder.

NUR EIN STROHHALM

Die Hirten sind gekommen und dann wieder gegangen. Vielleicht haben sie damals Geschenke mitgebracht, aber gegangen sind sie mit leeren Händen. Ich kann mir vorstellen, dass vielleicht ein Hirte, vielleicht ein ganz junger, etwas mitgenommen hat von der Krippe. Ganz fest in der Hand hat er es gehalten. Die anderen haben erst nichts gemerkt.

Bis auf einmal einer sagte: »Was hast du denn da in der Hand?«

»Einen Strohhalm«, sagte der, »einen Strohhalm aus der Krippe, in der das Kind gelegen hat.«

»Einen Strohhalm«, lachten die anderen, »das ist doch nur Abfall. Wirf das Zeug weg.«

Aber er schüttelte den Kopf. »Nein«, sagte er, »den behalte ich. Für mich ist er ein Zeichen, ein Zeichen für das Kind. Jedes Mal, wenn ich diesen Strohhalm in der Hand halten werde, dann werde ich mich an das Kind erinnern und daran, was die Engel von dem Kind gesagt haben.«

Und wie ist es mit dem Hirten weitergegangen damals? Am nächsten Tag, da fragten die anderen Hirten ihn: »Hast du den Strohhalm immer noch? Ja? Mensch, wirf ihn weg, wertloses Zeug ist das doch.«

Er antwortete: »Nein, das ist nicht wertlos. Das Kind Gottes hat darauf gelegen.«

»Na, und?«, lachten die anderen, »das Kind ist wertvoll, doch nicht das Stroh.«

»Ihr habt unrecht«, sagte der Hirte, »das Stroh ist schon wertvoll. Worauf hätte das Kind denn sonst liegen sollen, arm, wie es ist? Nein, mir zeigt das, Gott braucht das Kleine, das Wertlose. Ja, Gott braucht uns, die Kleinen, die gar nicht viel können, nicht viel wert sind!«

Ja, der Strohhalm aus der Krippe, der war dem Hirten wichtig. Wieder und wieder nahm er ihn in die Hand, dachte an die Worte der Engel, freute sich darüber, dass Gott die Menschen so lieb hat, dass er klein wurde wie sie.

Eines Tages aber nahm einer der andern Hirten den Strohhalm weg und schrie wütend: »Du mit deinem Stroh! Du machst mich ganz verrückt damit!«, und er knickte den Halm wieder und wieder und warf ihn zur Erde.

Der Hirte stand ganz ruhig da, hob den Strohhalm auf, strich ihn wieder glatt und sagte zu dem andern: »Sieh doch – er ist geblieben, was er war: ein Strohhalm. Deine ganze Wut hat daran nichts ändern können. Sicher, es ist leicht, einen Strohhalm zu knicken. Und du denkst: Was ist schon ein Kind, wo wir einen starken Helfer brauchen. Aber ich sage dir: Aus diesem Kind wird ein Mann, und der wird nicht totzukriegen sein. Er wird die Wut der Menschen aushalten, ertragen und bleiben, was er ist: Gottes Retter für uns. – Nein, Gottes Liebe ist nicht kleinzukriegen.«

Der Sternenspur folgen

Von Sternen, Königen und weisen Sterndeutern aus dem Morgenland

Damals, zur Zeit als Jesus geboren werden sollte, lebte im hintersten Himmelswinkel ein winzig kleiner weißer Stern. Wie alle anderen Sterne freute er sich, und so wie ihr konnte er Weihnachten kaum mehr erwarten. Eigentlich, so dachte er bei sich, könnte ich mich ja auf den Weg nach Betlehem machen und über dem Stall leuchten. Dann freut sich das Kind, und alle Menschen nah und fern sehen, dass etwas Besonderes geschehen ist. Aber ich bin ja so klein … weit kann ich allein nicht leuchten … ich muss noch andere Sterne mitnehmen.

Und so machte sich der winzig kleine weiße Stern auf den langen Weg nach Betlehem.

Unterwegs traf er einen wunderschön leuchtenden großen roten Stern. Dem erzählte er, was er vorhatte, und bat ihn mitzukommen.

»Gerne würde ich dich begleiten«, erwiderte der große rote Stern, »aber ich kann meinen Platz hier nicht verlassen. Du weißt, auf der Erde gibt es riesige Wüsten ohne Straßen und Wege. Alles sieht dort gleich aus. Tagsüber zeigt die Sonne den Menschen den Weg, nachts leuchte ich ihnen zur nächsten Oase. Wenn ich meinen Platz verlasse, verirren sie sich. Aber warte, ich werde dir etwas für das Kind mitgeben.« Der große Stern rüttelte und schüttelte sich und ein roter Strahlenregen ergoss sich über den winzig kleinen weißen Stern, der dadurch schon größer und rötlich funkelnd geworden war.

»Vielen Dank«, sagte dieser, »ich will dein Geschenk gerne zum Kind nach Betlehem bringen.« Und so zog der kleine rot funkelnde Stern weiter.

Nach einiger Zeit traf er einen großen, wunderschön gelb leuchtenden Stern. »Komm mit mir nach Betlehem«, sagte der kleine Stern, »wir wollen zusammen über dem Stall leuchten.« »Ja«, antwortete der große gelbe Stern, »gerne würde ich mit dir ziehen, aber ich darf meinen Platz hier nicht verlassen. Die Zugvögel, die aus den kalten Ländern, wo jetzt Winter ist, in den warmen Süden fliegen, richten sich nach meinem Schein. Verlasse ich meinen Platz, müssen sie erfrieren. Aber warte, ich werde dir etwas für das Kind mitgeben. Und er rüttelte und schüttelte sich und ein goldener Strahlenregen ergoss sich über den kleinen Stern, der wiederum etwas größer wurde und nicht mehr nur rötlich, sondern rötlich-gelb funkelte.

Und so zog er weiter, bis er einen riesigen blauen Stern traf und diesen, wie die beiden anderen auch, bat, ihn zu begleiten. Aber auch der blaue Stern durfte seinen Platz nicht verlassen, denn er leuchtete allen Seeleuten auf den Meeren. Aber auch er gab dem kleinen Stern als Geschenk für das Kind in der Krippe viele von seinen wunderschönen blauen Strahlen mit.

Unser winzig kleiner weißer Stern war nun durch die Geschenke der drei anderen zu einem großen, in allen Regenbogenfarben leuchtenden Stern geworden. Lang war sein Weg, aber endlich kam er in Betlehem an. Er fand den Stall mit dem Kind. Voller Freude schüttelte und rüttelte er sich, so dass die roten, gelben und blauen Strahlen der großen Sterne nur so funkelten und sprühten. Der armselige Stall leuchtete in diesem himmlischen Sternenlicht in sämtlichen Regenbogenfarben und war schöner als alle Königspaläste der Welt. Das Kind aber lachte vor Freude, und von nah und fern eilten die Menschen herbei, um zu sehen, was geschehen war. Als der Stern alle geschenkten Strahlen versprüht hatte, dachte er bei sich: »Nun bin ich zwar wieder winzig klein und weiß, aber das Kind hat sich gefreut, und die Menschen haben gespürt, dass etwas ganz Einmaliges geschehen ist.«

Als er aber an sich heruntersah, merkte er, dass er zwar wieder weiß, aber nicht mehr winzig klein, sondern so groß wie der rote, gelbe und blaue Stern geworden war, und außerdem hatte er einen prächtigen Schweif bekommen.

70
ZEICHEN EINER NEUEN ZEIT

Die Nacht war bitterkalt und die Hirten saßen eng beieinander am Feuer. Keiner sagte ein Wort, aber auf ihren Gesichtern konnte man lesen, wie sehr sie die Begegnung mit Jesus, dem kindlichen König in der Krippe, berührt hatte. Seine Geburt in dem ärmlichen Stall war so etwas Großes für sie, dass ihnen alle Worte fehlten. Nachdem sie lange so dagesessen hatten, brach der Älteste von ihnen das Schweigen: »Wisst ihr, ich habe schon oft in solch einer kalten Nacht gewacht und den Sternen zugesehen. Mitten in der Finsternis sind sie wie kleine Fenster, durch die das geheimnisvolle Licht des Himmels leuchtet. Ich glaube, der kindliche König ist auch so wie ein Stern. Nur ist er es anders, viel wirklicher und tausendmal heller – er ist das Licht selber.« Nach diesen Worten schwiegen sie wieder, bis sie auf den Jüngsten in ihrem Kreis aufmerksam wurden.

Ganz versunken nestelte der mit seinen Fingern an einem Strohhalm herum.

»Was machst du denn da?«

»Ich habe mir die Halme als Erinnerung aus dem Stall mitgenommen«, erklärte der Kleine. »Als wir vorhin an der Krippe waren und die vornehmen Leute aus dem Osten mit Geschenken kamen, wollte auch ich dem kindlichen König etwas schenken. Allein, wir Hirten sind so arm! Als Großvater aber eben von den Sternen erzählte, habe ich begonnen, aus diesen Halmen einen Stern zu flechten, und den will ich dem Jesus schenken.«

Die Hirten fanden dies eine sehr schöne Idee und begleiteten ihren jüngsten Sprössling am kommenden Abend zum Stall. Als sie dort ankamen, war aber niemand mehr da. Darüber wurden sie sehr traurig, bis ihre Trauer von einer geheimnisvollen Macht verwandelt wurde. Mit viel Liebe begannen die Hirten aus dem Stroh der Krippe Sterne zu flechten. Noch in derselben Nacht gingen sie los und verschenkten ihre Strohsterne an die Menschen in Betlehem.

»Im Dunkel scheint ein neues Licht. Gott liebt die Menschen«, erklärten sie ihre Geschenke. »Er hat seinen Sohn auf die Erde gesandt – ab heute gilt ein neues Gesetz: Liebe soll herrschen statt Macht, Schwäche und Zärtlichkeit statt Kraft und Härte, Verschenken statt Besitzen – und Armut ist mehr als Reichtum.«

So wurden in jener Nacht die ersten Strohsterne auf Erden verschenkt zum Zeichen für eine neue Zeit. Wenn dir ein Mensch einmal einen solchen Stern schenkt, behüte ihn wohl, er wurde aus Liebe geflochten – damals in Betlehem wie heute – und sein Stroh ist unendlich mehr wert als alles Gold der Erde.

Einst lebte ein weiser König im Morgenland. Einmal beobachtete er einen seltsamen Stern am Himmel. Die Hof-
astrologen, die er nach diesem Himmelskörper befragte,
deuteten ihn als Zeichen der Geburt des Messias, denn
sie hatten die alten Schriften studiert.

Der Sohn des Königs wusste es auf seine Weise: Der Stern
sprach zu ihm in seinen Träumen ...

Als der König mit Gefolge zur großen Reise aufbrechen
wollte, um den verheißenen Messias aufzusuchen und
ihm zu huldigen – da war der Prinz mit einigen seiner
Freunde schon bereit. Ja, er hatte an alles gedacht: Vor-
räte für eine lange Reise, Decken für kalte Nächte im
Freien und reiche Geschenke für den Neugeborenen.

Sein Vater warnte ihn: Er sei noch zu jung und habe keine
Ahnung von den Strapazen dieser Reise, von den Gefah-
ren im unbekannten Land, da es sogar für erfahrene
Männer ein Wagnis bedeute. Aber wenn eben dieser
Stern auch die Jungen rief? Wer durfte sie zurückhalten?

Dennoch – auf dem beschwerlichen Weg durch die Wüste
geschah es: Der beste Freund des Prinzen erkrankte und
brauchte dringend Pflege. Der Stern, der sie in die Einöde
geführt hatte, war nicht mehr zu sehen. So hielten sie Rat,
was zu tun sei.

Einer der Männer im Gefolge des Prinzen glaubte, die
Gegend von früheren Reisen her zu kennen: Eine Oase
konnte nicht allzu weit entfernt sein.

Aber das war ein Umweg zur großen Stadt, die am Rande
der Wüste liegen musste. Und war eine solch große Stadt
nicht am ehesten der Ort für den Palast eines mächtigen

Herrschers, des verheißenen Messias? Wer strebte da nicht vorwärts, näher ans Ziel? Der Prinz jedoch entschied, seinen kranken Freund zur Oase zu begleiten. Seine anderen Freunde folgten ihm.

Seine Freunde murrten nicht. Aber sie schüttelten den Kopf, als der Prinz nach einer längeren Ruhepause in der Oase die Gastfreundschaft der Menschen dort reichlich belohnte. Diese Leute waren arm. Sandstürme deckten ihre Gärten immer wieder zu. Ein hartes, mühsames Leben!

Der Stern war nicht mehr erschienen. Aber man konnte ihnen von der Oase aus die Richtung weisen, wo die große, ferne Stadt lag.

Und wieder wagten sie die Reise in die Wüste. Als sie dann endlich die Türme der Stadt in der Sonne funkeln sahen – da trieben sie ihre Kamele an zu schnellerem Gang. Und wieder geschah es, dass der Prinz anzuhalten befahl. Da waren Wanderer am Weg. Warum sollte er sich mit ihnen einlassen? Was gingen die ihn an? Allerdings, sie schienen erschöpft und irgendwo verloren. Der Mann und sein Esel, die zarte Frau mit dem Kind. Auf der Flucht? Wohin? In die Wüste hinein? Er wolle sie in die Oase führen, sonst könnten sie sich verirren, beschloss der Prinz.

Einige seiner Freunde versuchten, sich ihm zu widersetzen: Wieder zurück? So nahe am Ziel? Aber der Prinz ließ sich von seinem Vorhaben nicht abbringen. Er lächelte den Fremden freundlich zu und gab der Frau mit dem Kind ein Zeichen, sich auf sein Kamel zu setzen. Der Mann ging mit seinem Esel dankbar nebenher. Niedergeschlagen und enttäuscht unternahm die Karawane den Rückweg in die Oase.

Aber am ersten Abend, als sie ihre Zelte aufschlugen, erschien plötzlich der wunderbare Stern wieder am Himmel. Und als sie von den Fremdlingen hörten, dass sie vor König Herodes fliehen mussten, da gingen ihnen die Augen auf und sie erkannten in dem Kind den Messias, den sie am falschen Ort gesucht hatten. Da staunten sie alle, denn dieses verheißene Kind war zu ihnen gekommen mitten in der Wüste.

Und der Stern über ihnen erstrahlte mehr und mehr. Und eine innere Stimme sagte ihnen: Gott kehrt ein bei dem, der ihn sucht.

72 DIE LEGENDE VOM VIERTEN KÖNIG

Außer Caspar, Melchior und Balthasar war auch ein vierter König aus dem Morgenland aufgebrochen, um dem Stern zu folgen, der ihn zum göttlichen Kind führen sollte. Dieser vierte König hieß Coredan. Drei wertvolle rote Edelsteine hatte er eingesteckt und mit den anderen Königen einen Treffpunkt vereinbart. Doch weil sein Reittier lahmte, kam er nicht rechtzeitig an. Eine Botschaft sagte ihm, dass die anderen drei ihn in Betlehem erwarten würden. Coredan ritt weiter.

Plötzlich entdeckte er am Wegrand ein weinendes, blutendes Kind. Voll Mitleid nahm er es auf sein Pferd. Er fand eine Frau, die bereit war, das Kind zu pflegen. Coredan nahm einen der Edelsteine und schenkte ihn dem Kind, damit sein Leben gesichert sei. Dann ritt er weiter. Den Stern hatte er verloren.

Eines Tages erblickte er ihn wieder und er führte ihn durch eine Stadt. Dort begegnete ihm ein Leichenzug. Hinter dem Sarg schritt eine verzweifelte Frau mit ihren Kindern. Der Mann und Vater wurde zu Grabe getragen und die Familie war in Schulden geraten. Die Frau und ihre Kinder sollten nun als Sklaven verkauft werden. Coredan nahm den zweiten Edelstein und half damit der Familie. Dann wendete er sein Pferd und wollte dem Stern entgegenreiten – doch dieser war erloschen. Eine tiefe Traurigkeit befiel ihn. Und eine Sehnsucht nach dem göttlichen Kind. Würde er sein Ziel nie erreichen?

Eines Tages leuchtete der Stern wieder auf und führte ihn durch ein fremdes Land, in dem Krieg wütete. In einem Dorf hatten Soldaten die Bauern zusammengetrieben, um sie grausam zu töten. Da holte Coredan seinen letzten Edelstein hervor, um damit das Dorf loszukaufen. Müde und traurig ritt er weiter. Sein Stern leuchtete nicht mehr.

Jahrelang wanderte er durch das Land. Dabei half er den Schwachen und Kranken. Keine Not blieb ihm fremd. Eines Tages kam er am Hafen einer großen Stadt gerade dazu, als ein Vater seiner Familie entrissen und auf eine Galeere verschleppt werden sollte. Coredan flehte um den armen Menschen und bot sich dann selbst an, anstelle des Unglücklichen als Galeerensklave zu arbeiten. Jahre vergingen. Grau war Coredans Haar, müde sein zerschundener Körper geworden. Doch irgendwann leuchtete der Stern wieder auf. Und was er nie zu hoffen gewagt hatte, geschah. Man schenkte ihm die Freiheit wieder und er wurde an der Küste eines fremden Landes von Bord gelassen.

In dieser Nacht träumte er von seinem Stern und davon, wie er aufgebrochen war, um den König aller Menschen zu finden. Eine Stimme rief ihn: »Eile, eile!« Sofort brach er auf und kam zu einer großen Stadt. Aufgeregte Menschen zogen ihn mit, hinaus vor die Mauern. Oben auf einem Hügel ragten drei Kreuze. Coredans Stern blieb über dem Kreuz in der Mitte stehen, leuchtete noch einmal auf und erlosch. Ein Blitzstrahl warf den müden Greis zu Boden. »So muss ich also sterben«, flüsterte er in jäher Todesangst, »ohne dich gesehen zu haben? So bin ich umsonst gewandert, ohne dich zu finden, Herr?«

Da traf ihn der Blick des Menschen am Kreuz, ein Blick der Liebe und Güte. Und er hörte eine Stimme, die sprach: »Du hast mich getröstet, als ich jammerte, und gerettet, als ich in Lebensgefahr war; du hast mich gekleidet, als ich nackt war!« Und der Mann am Kreuz neigte das Haupt und starb. Coredan erkannte: Dieser Mensch ist der König der Welt. Ich habe ihn gesucht in all den Jahren. – Er hatte ihn doch noch gefunden.

73
DIE VIELEN KLEINEN STERNE DER LIEBE

Eine alte Legende erzählt: Als die Weisen Betlehem verließen, blickten sie auf der Anhöhe vor der Stadt nochmals zurück. Da sahen sie ein wunderbares Schauspiel: Der Stern, der sie zur Krippe geführt hatte, zersprang in tausend und abertausend kleine Sterne, die sich über die ganze Erde verteilten. Die Weisen waren ganz verwundert und wussten nicht, was das zu bedeuten hatte.

Auf ihrem weiteren Weg kamen sie an eine Wegkreuzung. Es begann bereits zu dämmern, deshalb fragten sie einen Fremden, welche Richtung sie einschlagen sollten. Der gab ihnen freundlich Auskunft. Im gleichen Augenblick sahen sie über seinem Kopf einen kleinen Stern aufleuchten. Und als sie am Abend in der Herberge waren und vom Herbergswirt aufmerksam bedient wurden, leuchtete auch über dessen Kopf ein Stern auf.

Jetzt begriffen die Weisen das Schauspiel, das sie auf der Anhöhe über Betlehem erlebt hatten: Überall dort, wo ein Wort der Liebe gesagt, wo eine Tat der Liebe getan wird, da leuchtet der Stern von Betlehem, ein kleiner Stern der Liebe …

74 DER KLEINE STERN

Wieder war er allein und traurig. So fand ihn der Mond auf seiner nächsten Reise.

»Warum bist du so traurig, kleiner Stern?«, fragte er ihn. Erschrocken blickte der Stern zur Seite. Er war es nicht gewohnt, dass sich jemand Zeit für ihn nahm. Doch der Mond schaute ihn so freundlich an, dass er beschloss, seinen Kummer zu erzählen. Er sprach von seinen Sorgen, seinen quälenden Gedanken und seinen heimlichen Wünschen. Während der ganzen Zeit hatte ihn der Mond nicht ein einziges Mal unterbrochen. Und auch jetzt – der kleine Stern schwieg schon lange – zeigte der Mond keine Reaktion. Es schien, als lauschte er auch dem Schweigen. Dann endlich begann er zu reden:

»Sieh mal, kleiner Stern, bei uns am Himmel ist es wie bei den Menschenkindern dort unten auf der Erde – auch sie leuchten alle verschieden. Manche siehst du schon von Weitem, doch wenn du neben ihnen stehst, wird dir plötzlich kalt. Und dann gibt es welche, da musst du schon genau hinsehen, damit du nicht an ihnen vorübergehst. Wieder andere leuchten auf ganz sonderbare Art und Weise. Es ist nicht das Licht, sondern die Wärme, die leuchtet.

Und so verschieden sie auch sind, eines haben sie alle gemeinsam – sie brauchen einander! Der große Mensch den kleinen; der Kühle den, der Wärme gibt. Unser Sternenhimmel wäre wohl nicht vollkommen, wenn es dich nicht gäbe.«

Plötzlich verstand der kleine Stern. Entschlossen wischte er sich die Tränen ab, reckte sich und fühlte sich auf einmal unendlich wichtig. Und er strahlte.

Es wurde zwar immer noch nicht heller als vorher, aber was machte das schon? Er war glücklich.

75
ZWEI STERNE ÜBER DEM BERG

Es war einmal ein sehr strenger Mann, über dessen Lippen in der Zeit des Fastens weder Speise noch Trank kamen, solange die Sonne am Himmel stand. Ein Zeichen der himmlischen Anerkennung für seine Entbehrungen schien ihm ein heller Stern zu sein, der für alle sichtbar auch bei Tageslicht über einem nahen Berggipfel erstrahlte, obgleich niemand wusste, wie der Stern dorthin gekommen war.

Eines Tages beschloss der Mann, auf den Berg zu steigen. Ein kleines Mädchen aus dem Dorf wollte ihn unbedingt begleiten. Der Tag war warm, und bald wurden die beiden sehr durstig. Er drängte das Kind zu trinken, aber es wollte nicht, wenn er nicht auch tränke. Der arme Mann war in Verlegenheit. Er hasste es, sein Fasten zu brechen, aber er hasste es auch, das Kind unter dem Durst leiden zu sehen. Schließlich trank er und das Kind mit ihm.

Lange Zeit wagte er nicht, zum Himmel emporzusehen, denn er fürchtete, der Stern sei verschwunden.

Man stelle sich deshalb sein Erstaunen vor, als er schließlich wagte aufzusehen und *zwei* leuchtende Sterne über dem Berg sah.

76
DEN STERNEN SEI DANK

Zwei Dinge sind mir aus meiner Kindheit deutlich in Erinnerung. Die Liebe zu meiner Großmutter und die Furcht vor der Dunkelheit.

Großmutter wohnte nur einen Steinwurf von uns entfernt. Der kürzeste Weg führte durch unseren Garten, am Nachbargrundstück entlang. Dann stand ich schon an dem kleinen Tor zu Großmutters Anwesen. Diesen Weg bin ich unzählige Male gegangen, gehüpft, gerobbt und getrödelt.

Eines Tages hatte ich mich bei Großmutter zu lange aufgehalten. Es war schon dunkel und mir war ziemlich mulmig. Eilig rannte ich los. Doch plötzlich bewegte sich schemenhaft etwas in der Dunkelheit. Äste knackten, Schritte knirschten auf dem Kies. Die Angst sprang mich an wie ein Tiger. Blitzschnell machte ich kehrt und rannte zu Großmutter zurück. Liebevoll schloss sie mich in die Arme und wenig später gingen wir gemeinsam den Weg zurück.

In der Stille der Nacht fasste sie mich an der Hand und sagte: »Siehst du die Sterne. Schau genau hin. Du musst dich nicht fürchten, denn sie sehen dich und zwinkern dir zu. Sie beobachten dich. Und wenn du zu ihnen hinaufschaust, weißt du, dass du nicht allein bist. Am besten suchst du dir einen persönlichen Stern aus. Sozusagen als Freund. Einer, der dir besonders gut gefällt.«

Ich war begeistert. »Hallo, ihr Sterne«, rief ich forsch in die Dunkelheit. »Ich kann euch sehen. Schön, dass ihr da seid.«

Dann suchte ich mir weit hinten einen winzigen Stern aus, einen, der so klein war wie ich. Ich ließ Großmutters Hand los und ging den Rest des Weges allein. Es war ein herrlicher Gedanke, dort oben so viele Verbündete zu haben, die mir freundlich zuzwinkerten.

Kaum drei Monate später kam die Ernüchterung.

In der Schule sprachen wir über Sonne, Mond und Sterne. »Ist euch schon einmal aufgefallen«, fragte der Lehrer, »dass die Sterne blitzen und funkeln.«

»Ja, sie zwinkern uns zu«, meldete ich mich.

Der Lehrer lachte. »Nein, nein. Das Flimmern hängt mit der Atmosphäre und den Wärmeunterschieden in der Luft zusammen.«

Ich war tief enttäuscht und persönlich gekränkt. Also mochten mich die Sterne gar nicht und blinzelten mir auch nicht zu. Gott sei Dank hatte ich wenigstens meinen kleinen Stern für mich. Doch der nächste Schock ließ nicht lange auf sich warten.

Derselbe Lehrer erzählte uns wenig später, dass das Licht 300.000 km in der Sekunde zurücklegt. »Viele Sterne sind unvorstellbar weit entfernt. Ihr Licht braucht oft viele Jahre, um zu uns zu kommen. Es kann also sein, dass ihr am Himmel das Licht eines Sterns seht, der inzwischen bereits erloschen ist.«

Ich konnte es nicht fassen. Ja war denn alles, was mir Großmutter erzählt hatte, gelogen? Ich war bitter enttäuscht. Gleichzeitig kroch eine wilde Entschlossenheit in mir hoch. Ich würde mir nie mehr ein X für ein U vormachen lassen. Ich würde von nun an der Sache selbst auf den Grund gehen.

Ich las und las und mit den Jahren lernte ich vieles über die Sterne. Ich kannte bald die Sternbilder der einzelnen Monate, ich lernte das Wichtigste über die Kometen und was der Perseidenstrom bedeutete. Jahre später vertiefte ich mich in die Theorien des Urknalls und der schwarzen Löcher. Oh ja, ich wusste jetzt vieles. Aber je tiefer ich in diese Wissenschaft eintauchte, desto unbefriedigter wurde ich. Es gab noch so viel Unbekanntes und Ungereimtes.

Das änderte sich mit einem Schlag, als ein strahlender Stern an meinem Himmel aufging. *Eva* hieß sie und brachte mein gesamtes Welt- und Sternenbild gründlich durcheinander und aus dem Gleichgewicht. Die Beobachtung der maximalen Helligkeit und Aufleuchthöhe bezog sich nun auf die zwei schönsten Augen, die ich je gesehen hatte. Alles bekam eine andere Bedeutung.

Ich fragte: »Wo finde ich einen neuen unbekannten Stern?«

Sie sagte: »Jeder hat seinen Stern – seinen inneren Stern – dem er folgen sollte.«

Für einen Skeptiker wie mich, war ihre Anwesenheit wie das Erscheinen eines Wesens von einem anderen Stern.

Eines Abends machten wir einen Spaziergang, fernab von den Lichtern und dem Lärm der Stadt. Es war wunderschön und mit einem Mal begriff ich, was sie meinte: »Es ist wie ein Hauch von Ewigkeit, den Sternenhimmel zu betrachten. Es macht demütig, wenn man als kleiner Mensch vor der Allmacht dieser Schöpfung steht. Ich friere immer etwas, wenn ich denke, dass die Menschen vor Tausenden von Jahren schon zu diesem Himmel aufgeblickt haben.«

Ich nickte andächtig. »Und alle unsere Nachfahren werden dieses prächtige Szenario ebenso bestaunen können.«

»Du meinst ...?«

»Ich meine, dass unsere gemeinsamen Kinder, Enkel und Urenkel noch genauso viel Freude an den Sternen haben werden wie wir beide. Oder willst du keine Kinder?«

Eva lachte. »Da eine Sternschnuppe«, rief sie.

»Dann musst du dir etwas wünschen.«

Sie lächelte und drückte meine Hand: »Aber ob es in Erfüllung geht, das steht noch in den Sternen.«

77 WAS WAR DAS FÜR EIN FEST?

Der kleine Junge hockte auf dem Fußboden und kramte in einer alten Schachtel, aus der er einiges zutage förderte, ein paar Röllchen schmutzige Nähseide, ein verbogenes Wägelchen und einen silbernen Stern.

Was ist das? fragte er und hielt den Stern hoch in die Luft.

Die Küchenmaschinen surrten, der Fernsehapparat gab Männergeschrei und Schüsse von sich, vor dem großen Fenster bewegten sich die kleinen Stadthubschrauber vorsichtig auf und ab. Der Junge stand auf und ging unter die Neonröhre, um den Stern, der aus einer Art von Glaswolle bestand, genau zu betrachten.

Was ist das? Fragte er noch einmal. Entschuldige, sagte die Mutter am Telefon, das Kind plagt mich, ich rufe dich später noch einmal an. Damit legte sie den Hörer hin, schaute herüber und sagte: Das ist ein Stern. Sterne sind rund, sagte der kleine Junge.

Zeig mal, sagte die Mutter und nahm dem Jungen den Stern aus der Hand. Es ist ein Weihnachtsstern, sagte sie. Ein was? Fragte das Kind. Jetzt hab' ich es satt, schrie der Mann auf der Fernsehscheibe und warf seinen Revolver in den Spiegel, was beträchtlichen Lärm verursachte. Die Mutter drückte auf eine Taste, der Lärm hörte auf, und das Bild erlosch.

Etwas von früher, sagte sie in die Stille hinein. Von einem Fest. Was war das für ein Fest? Fragte der kleine Junge. Ein langweiliges, sagte die Mutter schnell. Die ganze Familie stand in der Wohnstube um einen Baum herum und sang Lieder, oder die Lieder kamen aus dem Fernsehen, und die ganze Familie hörte zu.

Wieso um einen Baum? sagte der kleine Junge, der wächst doch nicht im Zimmer. Doch, sagte die Mutter, das tat er, an einem bestimmten Tag im Jahr. Es war eine Tanne, die man mit brennenden Lichtern oder mit kleinen bunten Glühbirnen besteckte und an deren Zweige man bunte Kugeln und glitzernde Ketten hängte.

Das kann doch nicht wahr sein, sagte das Kind. Doch, sagte die Mutter, und an der Spitze des Baumes befestigte man den Stern. Er sollte an den Stern erinnern, dem die Hirten nachgingen, bis sie den kleinen Jesus in seiner Krippe fanden. Den kleinen Jesus, sagte das Kind aufgebracht, was soll denn das nun wieder sein?

Das erzähle ich dir ein andermal, sagte die Mutter, die sich an die alte Geschichte erinnerte, aber nicht genau. Der Junge wollte aber von den Hirten und der Krippe gar nichts hören. Er interessierte sich nur für den Baum, der im Zimmer wuchs und den man verrückterweise mit brennenden Lichtern oder mit kleinen Glühbirnen besteckt hatte. Das muß doch ein schönes Fest gewesen sein, sagte er nach einer Weile.

Nein, sagte die Mutter heftig. Es war langweilig. Alle hatten Angst davor und waren froh, wenn es vorüber war. Sie konnten den Tag nicht abwarten, an dem sie dem Weihnachtsbaum seinen Schmuck wieder abnehmen und ihn vor die Tür stellen konnten, dürr und nackt. Und damit streckte sie ihre Hand nach den Tasten des Fernsehapparates aus.

Jetzt kommen die Marspiloten, sagte sie. Ich will aber die Marspiloten nicht sehen, sagte der Junge. Ich will einen Baum, und ich will wissen, was mit dem kleinen Sowieso war. Es war, sagte die Mutter ganz unwillkürlich, zur Zeit des Kaisers Augustus, als alle Welt geschätzt wurde.

Aber dann erschrak sie und war wieder still. Sollte das alles noch einmal von vorne anfangen, zuerst die Hoffnung und die Liebe und dann die Gleichgültigkeit und die Angst? Zuerst die Freude und dann die Unfähigkeit, sich zu freuen, und das Sichloskaufen von der Schuld? Nein, dachte sie, ach nein.

Und damit öffnete sie den Deckel des Müllschluckers und gab ihrem Sohn den Stern in die Hand. Sieh einmal, sagte sie, wie alt er schon ist, wie unansehnlich und vergilbt. Du darfst ihn hinunterwerfen und aufpassen, wie lange du ihn noch siehst. Das Kind gab sich dem neuen Spiel mit Eifer hin.

Es warf den Stern in die Röhre und lachte, als er verschwand. Aber als es draußen an der Wohnungstür geklingelt hatte und die Mutter hinausgegangen war und wiederkam, stand das Kind wie vorher über den Müllschlucker gebeugt. Ich sehe ihn immer noch, flüsterte es, er glitzert, er ist immer noch da.

Trotz intensiver Bemühungen ist es uns nicht gelungen, alle Rechteinhaber zu ermitteln. Wir bitten diese daher um Verständnis, wenn wir gegebenenfalls erst nachträglich eine Abdruckhonorierung vornehmen können.

1 Ulrich Peters © Rechte beim Autor
2 Überliefert
3 Marianne Pichlmann © Rechte bei der Autorin
4 Hannelore Hagedorn © Rechte bei der Autorin
5 Frei nach einer Idee von Heinrich Lhotzky
6 Lene Mayer-Skumanz © Rechte bei der Autorin
7 Margarete Walke © Rechte bei der Autorin
8 Aus: Norbert Lechleitner, Sonne für die Seele, 100 überraschende Weisheitsgeschichten, die jeden Tag ein wenig fröhlicher machen © 1999 Verlag Herder GmbH, Freiburg i. Br.
9 Frei nach Oftried Preußler und dem Märchen »Die Glocke vom grünen Erz«
10 Nach einer russischen Legende
11 Lene Mayer-Skumanz © Rechte bei der Autorin
12 Aus: Klaus Roos, So leuchtet die Welt der Weihnacht entgegen. Neue Gedichte, Geschichte, Gedanken © Matthias Grünewald Verlag. Verlagsgruppe Patmos in der Schwabenverlag AG, Ostfildern 2011. www.verlagsgruppe-patmos.de
13 Monika Endres © Rechte bei der Autorin
14 Aus: Markus Lautenbacher, Familiengottesdienste für die Adventszeit © 2010 Verlag Friedrich Pustet GmbH & Co. KG, Regensburg
15 Chassidische Tradition
16 Genaue Quelle unbekannt
17 Frei gestaltet nach Erhart Kästner
18 Aus: Klaus Nagorni, Verweile doch, du hast ja Zeit. Geschichten zum Aufatmen © Matthias Grünewald Verlag. Verlagsgruppe Patmos in der Schwabenverlag AG, Ostfildern 2011. www.verlagsgruppe-patmos.de
19 Veränderter Text: nach Klaus Gräske, aus: Religionspädagogische Praxis, 1/1980, S. 32, 33 © RPA-Verlag, www.rpa-verlag.de

20 Brigitte Ropertz © Rechte bei der Autorin

21 H.L. Gee

22 Armin Kaupp © Rechte beim Autor

23 Hermann Multhaupt © Rechte beim Autor

24 Aus: Antje Sabine Naegeli, Dass die Nacht dir Frieden bringt © 2003 Verlag am Eschbach ein Unternehmen der Verlagsgruppe Patmos in der Schwabenverlag AG, www.verlag-am-eschbach.de

25 Andrea Pichlmeier © Rechte bei der Autorin

26 Genaue Quelle unbekannt

27 Genaue Quelle unbekannt

28 Überliefert

29 Aus: Fynn, Hallo, Mister Gott, hier spricht Anna. Aus dem Englischen von Helga Heller-Neumann. © Scherz Verlag, Bern und München 1975. Alle Rechte vorbehalten. S. Fischer Verlag GmbH, Frankfurt am Main

30 Gekürzt nach Erik von den Borne

31 Gekürzt nach L. Tezner, Oschoo, aus Braun (Hg.), Japanische Märchen, Leyden 1909

32 Mit einigen unwesentlichen Veränderungen aus dem Hebräischen übertragen von J. Kerschensteiner, in: Prediger und Katechet, I/81, S. 71 f, Franz Sageder

33 Aus: Hermine König/Karl Heinz König/Karl Joseph Klöckner, Tut dies zu meinem Gedächtnis – Handreichung für Katechetinnen und Katecheten © 2005, Kösel-Verlag, München, in der Verlagsgruppe Penguin Random House GmbH

34 Leo Tolstoi

35 Monika Endres © Rechte bei der Autorin

36 Nach einer arabischen Legende

37 Überliefert

38 Genaue Quelle unbekannt

39 Märchen aus Irland

40 Ulrich Peters © Rechte beim Autor

41 Willi Hoffsümmer © beim Autor

42 Überliefert

43 Nach Oscar Wilde

44 Brüder Grimm

45 Nach O. Henry

46 Nach einer Kurzgeschichte von Walter Baudet

47 Genaue Quelle unbekannt

48 Lene Mayer-Skumanz © Rechte bei der Autorin

49 Barbara Cratzius © Hartmut Cratzius (Rechtsnachfolge)

50 Überliefert

51 Joseph Weissmann

52 Aus: Elisabeth Bernet, Der Mantel des Sterndeuters © Paulus in der Verlag Herder GmbH, Freiburg i. Br.

53 Genaue Quelle unbekannt, frei nach einem Weihnachtsbrief

54 Überliefert

55 Aus: Klaus Roos, So leuchtet die Welt der Weihnacht entgegen. Neue Gedichte, Geschichte, Gedanken © Matthias Grünewald Verlag. Verlagsgruppe Patmos in der Schwabenverlag AG, Ostfildern 2011. www.verlagsgruppe-patmos.de

56 Aus: Andrea Schwarz, Eigentlich ist Weihnachten ganz anders © 2014 Verlag Herder GmbH, Freiburg i. Br.

57 Verkürzt nach Dietrich Mendt

58 Legende

59 Lene Mayer-Skumanz © Rechte bei der Autorin

60 Aus: Max Bolliger, Wunder geschehen ganz leise © 2017 Verlag am Eschbach ein Unternehmen der Verlagsgruppe Patmos in der Schwabenverlag AG, 978-3-86917-566-9 www.verlag-am-eschbach.de (Originaltitel: Eine Wintergeschichte)

61 Aus: Max Bolliger, Das Licht des kleinen Hirten © 2004 Lehrmittelverlag Zürich

62 Aus: Max Bolliger, Wunder geschehen ganz leise © 2017 Verlag am Eschbach ein Unternehmen der Verlagsgruppe Patmos in der Schwabenverlag AG, 978-3-86917-566-9 www.verlag-am-eschbach.de (Originaltitel: Der Weg zur Krippe)

63 Genaue Quelle unbekannt

64 Frei nach der Legende »Die Heilige Nacht« von Selma Lagerlöf

65 Aus: Max Bolliger, Wunder geschehen ganz leise © 2017 Verlag am Eschbach ein Unternehmen der Verlagsgruppe Patmos in der Schwabenverlag AG, 978-3-86917-566-9 www.verlag-am-eschbach.de

66 Nach Dan Lindholm

67 Kurtmartin Magiera © Rechte bei Ingeborg Magiera (Rechtsnachfolge)

68 Helmut Siegel. Rechte beim Autor

69 Ursula Möltner © Rechte bei der Autorin

70 Ulrich Peters © Rechte beim Autor

71 Legende

72 Nach einer russischen Legende

73 Nach einer alten Legende

74 Irene Gratzer. Rechte bei der Autorin

75 Aus: Anthony de Mello, Wer bringt das Pferd zum Fliegen? © 2019 Verlag Herder GmbH, Freiburg i. Br.

76 Aus: Ursula Berg, Zum Altwerden ist immer noch Zeit © 2016 Verlag Herder GmbH, Freiburg i. Br.

77 Aus: Marie Luise Kaschnitz, Gesammelte Werke in sieben Bänden, Band 4: Die Erzählungen. © Insel Verlag, Frankfurt am Main 1985. Alle Rechte bei und vorbehalten durch Insel Verlag Berlin

Geschichten fürs Herz

Willi Hoffsümmer (Hg.)
77 Herzfenster
Geschichten, die gut tun

7. Auflage
136 Seiten
Format 12 x 19 cm
Hardcover mit Leseband
ISBN 978-3-8436-0318-8

Geschichten sind so alt wie die Menschheit. In ihnen spiegeln sich die Erfahrungen vieler Generationen. Gute Geschichten können uns verzaubern und innere Fenster aufstoßen, sie berühren unser Herz. 77 solcher Geschichten, die der Seele gut tun und uns über die Hindernisse des Tages hinwegkommen lassen, hat Willi Hoffsümmer liebevoll für dieses Buch ausgewählt.

 www.patmos.de